EL ARQUERO
QUE FLECHÓ LA LUNA
HISTORIA DE UNA VISIÓN INSPIRADORA

Jose R. Betancourt

EL ARQUERO QUE FLECHÓ LA LUNA
Historia de una Visión Inspiradora

AUTOR: JOSE RAMON BETANCOURT

Contacto: jrbetancourt01@gmail.com
URL: www.larutadelaprendizaje.com

1ª. Edición – 2015 – Autoedición – CreateSpace by Amazon.com
Porlamar, Venezuela, Febrero de 2015
La Ruta del Aprendizaje

ISBN 978-1508606116

Autoedición CreateSpace
By AMAZON.COM

"Si lo sueñas, puedes lograrlo"
Walt Disney

"El arte del tiro con arco significa una contienda profunda y trascendente del arquero consigo mismo
Eugen Herrigel
(Zen y el arte de los arqueros japoneses)

AGRADECIMIENTOS

Agradezco a todos aquellos que me estimularon para que terminara de escribir este libro, en especial mi esposa Olga y mi hijo José Vicente; la verdad es que en medio de todos los quehaceres diarios resultó un gran reto poder completar este trabajo.

Las palabras de estímulo que muchos me dieron fueron un acicate para cumplir con esta meta personal que me tomó más de 5 años madurar y completar.

Y finalmente, aunque no conozco personalmente a Alejandro Jodorowsky, a quien sigo con mucha admiración en las redes sociales, le agradezco profundamente por haber compartido su corta pero profunda historia del arquero, que me inspiró para el desarrollo de este libro.

El Autor

"La Mente Humana es como un paracaídas, si no se abre a tiempo se corre el riesgo de morir en la caída..."
"Papá Jaime" Jaramillo - Fundación Niños de los Andes

INDICE DE CONTENIDO

PRESENTACIÓN DEL LIBRO

"Todo aquello que no he podido lograr aún,
es porque no lo he deseado con la intensidad necesaria"
El Autor

El Arquero que Flechó la Luna tiene su origen en un texto escrito por el autor chileno Alejandro Jodorowsky, que se hizo muy famoso en la red y que yo he intentado con este libro, convertir en una historia de éxito empresarial y personal.

A lo mejor a usted podrá parecerle demasiado fantasiosa, pero estoy seguro que si busca en la vida real, seguramente se conseguirá con historias que parecen ser aún más fantásticas que esta, pues siempre se ha dicho que la realidad supera con creces a la fantasía.

Historias como las de Microsoft, Apple, Disney, H.P., Yahoo, Amazon, Google, Sony, Toyota, 3M, Honda, Coca Cola, Facebook, Twitter, Wal Mart y pare usted de contar, son un estímulo para quienes sueñan con crear un negocio exitoso. Esta historia sugiere que si usted quiere ser exitoso, debe dejarse llevar por su imaginación y su fantasía y trabajar por ella como si fuera posible y muy pronto la propia realidad le pondrá cauce a su obra. Al final estará tan sorprendido con el resultado que no lo podrá creer.

En esta obra lo invitamos a soñar, para luego despertar, trabajar duro y luego dejar que el universo fluya a través de su creación; solo así podrá usted ser un gran virtuoso de los instrumentos que la vida pone a su alcance para tocar la maravillosa sinfonía de la excelencia y el crecimiento personal y profesional.

Un arquero exitoso convierte el acto de lanzar sus flechas hacia el blanco en el eje alrededor del cual girará su vida. Descubra su blanco (sueño), descubra cuales deben ser sus flechas y escoja muy bien el arco que le permitirá alcanzar ese maravilloso futuro que se abrirá frente a sus ojos. Al final, no solo habrá dado en el blanco, sino que habrá transformado totalmente su vida.

"Un arquero quiso cazar la luna.
Noche tras noche, sin descansar, lanzó sus flechas hacia el astro.
Los vecinos comenzaron a burlarse de él.
Inmutable, siguió lanzando sus flechas.
Nunca cazó la luna, pero se convirtió en el mejor arquero del mundo"
Alejandro Jodorowsky

INTRODUCCION

Hace unos años, en los comienzos del Internet (principios de los 90), recibí una corta pero interesante y hermosa historia acerca de un arquero que quería flechar la luna. En esa época Joel Barker hacía furor en los medios empresariales con su video "El Poder de una Visión" y muchos de los consultores pasábamos gran parte de nuestro tiempo dictando talleres sobre el tema de la Visión Compartida.

Es por ello que esa historia en su momento me llegó como anillo al dedo para ilustrar a los participantes de los talleres acerca de lo importante que resulta tener una Visión clara de lo que se desea alcanzar. Hasta aquí todo transcurrió normalmente, pero resulta que unos 15-20 años después de esa época, los conceptos de Visión, Visión Compartida y Alineación comenzaron a copar el espacio de necesidades de las empresas modernas y la historia del arquero volvió a cobrar importancia. Sin embargo, cuando analicé con más detalle esa pequeña historia del arquero que circula por la red y otros medios (producto de un texto corto, escrito por el escritor chileno Alexander Jodorowsky), me di cuenta que la misma, podía perfectamente servir como marco de referencia para crear una nueva historia de corte gerencial/empresarial capaz de crear múltiples moralejas y aprendizajes a partir de ella, permitiendo de una manera sencilla explicar muchos de los conceptos que los consultores intentamos vender a las organizaciones en esta época de turbulencia y cambios caóticos.

Esta breve historia está contada en este libro, primero, como una mezcla de cuento y de relato empresarial y posteriormente como una colección de aprendizajes posibles de aplicar en el día a día de cualquier empresa que desee competir en el mundo empresarial que conocemos.

Este es un libro muy corto, aunque a la vez muy profundo, acerca de algunas importantes claves del éxito empresarial y personal y de cómo, a partir de una visión inspiradora del futuro, por imposible que parezca, se logra obtener mejores resultados que los que se consiguen solo trabajando duro y sin tener la claridad del destino al que se desea llegar.

Quienes desarrollan visiones de futuro claras y precisas obtienen mejores posibilidades de crecer que quienes se conforman con vivir al ritmo de lo que le depare el destino. Esta historia es un llamado de alerta a quienes se niegan a soñar con un futuro deseado por creer que este pueda ser inalcanzable o absolutamente irreal.

Lo invito a disfrutar de esta historia y a hacerse partícipe de sus enseñanzas, para que, como lo hizo nuestro arquero, usted pueda alcanzar logros extraordinarios, más allá de lo que podamos imaginar.

"El buen Arquero tiene un punto de semejanza con el Sabio: cuando su flecha no alcanza el medio del blanco, busca la causa en sí mismo, sin acusar a nadie..."
CONFUCIO

PARTE I

LA HISTORIA

I. EL REINO DE ANGURISTAN

*"Nunca, nunca dejes de soñar. Ponle alas
a la imaginación y tren de aterrizaje a tus sueños"*
"Papá Jaime" Jaramillo

Esta historia comienza en la antigüedad, en un pequeño y olvidado reino montañoso ubicado entre la vieja Europa y el Medio Oriente, conformado por gente pacífica y trabajadora, que quizás por su lejanía de los pueblos con ansias conquistadoras, pudo mantenerse como un lugar apacible y tranquilo, ideal para el trabajo productivo y sin los sobresaltos de las permanentes invasiones a las que se veían expuestos la mayoría de los pueblos en esa época. Era un hermoso valle, rodeado de empinadas montañas, parte de un gran sistema montañoso de la región, por las que surcaban bellos y ruidosos riachuelos, con numerosos saltos y cascadas que hacían del sitio un verdadero lugar de ensueño. Sin embargo, estas montañas, a su vez, se convertían en guardianes del valle, ya que el acceso hacia este era sumamente hosco y difícil dado el carácter boscoso y empinado del lugar. Era muy fácil ser emboscado en las montañas que rodeaban a este hermoso lugar, por lo que había que estar bien armado cuando se le cruzaba.

Este pequeño pueblo, al que llamaremos Anguristán, tenía unas grandes calles empedradas, con muchos lugares donde la gente pasaba el día conversando o disfrutando de los apetitosos platillos que preparaban los vecinos. En realidad no tenían muchos problemas de los que preocuparse, por lo que todos estaban pendientes de cómo pasarla bien. La plaza central era un hervidero de gente cada día y allí se dedicaban a comentar los sucesos y chismes del día y a hacer conjeturas respecto a cada uno de los hechos en los que alguien de la comunidad estuviera involucrado. Este seguramente sería el lugar donde el héroe de nuestra historia pasaría de boca en boca, durante muchos años de su vida.

Como todo, la falta de sobresaltos y dificultades también es a la vez una traba para el desarrollo y crecimiento de la gente y la verdad es que Anguristán, no se destacaba por ningún aspecto que no fuera la agricultura y la cría de ganado, que le permitían el sustento a los pobladores, pero no tenían la fuerza para llevarla y comercializarla en otros pueblos cercanos que vivían más o menos bajo el mismo modelo de paz y tranquilidad de Anguristán. Cuando los vecinos querían variar un poco su dieta, debían cazar en el bosque, que estaba lleno de ciervos, faisanes, palomas, codornices, pavorreales, báquiros, lapas y demás animales cuya carne era gratamente apetecida por los pobladores de la región. Esto hacía de la caza, una de las actividades favoritas de las personas de mayores recursos del reino.

Los pobladores de Anguristán eran, en general, gente muy noble de corazón, honesta a carta cabal, leales, amaban a su Rey Angus III y se sentían conmovidos porque este perdió, siendo aún muy joven, a su esposa Amanda, de quien le quedó una hija, la hermosa Almadiana, que en ese momento de la historia ya rondaba los siete años de edad. Angus III comenzó a enfermar poco después de la muerte de su esposa y a pesar de que intentaba mantenerse firme, dicha enfermedad, aún en sus comienzos, daba ya muestras de ser algo irreversible que daría al traste, tarde o temprano, con la vida del Rey de nuestra historia.

Por otra parte, uno de los pobladores más distinguidos del Reino de Anguristán era Arcadio. Era muy querido por sus vecinos por su don de gentes, su lealtad y por su honestidad y responsabilidad absolutas. Arcadio tenía como oficio el ser fabricante, el único, de arcos y flechas del reino.

Desde pequeño, Arcadio aprendió el oficio que heredó de sus bisabuelos, sus abuelos, del padre y de sus tíos; siendo ya el único sobreviviente de su familia, se convirtió en un buen fabricante de arcos y flechas, ya que conocía algunos de los secretos de la madera y su flexibilidad, necesaria para hacer arcos de calidad, también manejaba bastante bien las propiedades de las cuerdas de cuero que eran utilizadas para los arcos y además tenía buena habilidad y cierto conocimiento de cómo obtener buenas puntas de flecha, requeridas para la cacería de distintas especies. En fin, que Arcadio tenía todos los elementos requeridos para crear un excelente negocio de fabricación y venta de arcos y flechas (era un hombre de sólidos valores), pero necesitaba más estímulo competitivo y su mercado era pequeño, ya que solo algunos de los que se dedicaban frecuentemente a la cacería requerían de sus productos. Además, debemos decir que algunas personas del reino, se fabricaban sus propios arcos y flechas, pues muchos de ellos consideraban que las armas de Arcadio no tenían toda la calidad requerida, aun cuando ninguno de estos comercializaba sus arcos y flechas. Otros muy adinerados, conseguían arcos de excelente calidad en otros reinos no tan cercanos, que por su tradición guerrera, eran capaces de desarrollar excelentes armas, con las que Arcadio no podía competir en ese momento.

Esta realidad, como todo lo que ocurría en el pueblo, la venta de armas apenas le brindaba recursos a Arcadio para subsistir decentemente. El no tener un ejército en el Reino era un aspecto que mermaba el mercado de los arcos y flechas, ya que nunca había sido necesario tener un ejército que defendiera a la población. Por supuesto, la falta de un gran mercado donde colocar más arcos y flechas, traía como consecuencia la falta de estímulos para que Arcadio decidiera innovar y mejorar de manera permanente sus productos, esto por supuesto le restaba competitividad y los cazadores de los pueblos cercanos preferían comprarle sus arcos y flechas a los fabricantes de sus propios pueblos, pues no tenían que arriesgarse a pasar por los bosques para ir a otros lugares a comprar dichos arcos. Ni siquiera los pueblos que no disponían de arcos y flechas de buena calidad, se atrevían a atravesar con mucha frecuencia los bosques que los separaban del Reino de Anguristán, pues consideraban que el riesgo que corrían versus la calidad obtenida era sumamente alto.

Arcadio por su parte tenía un hijo, Arquímedes, de siete años. Era un niño normal, muy parecido a su padre, de aspecto fuerte, muy curtido por el sol de la montaña y con un tamaño que superaba con creces el estándar de la población del Reino. Era además un joven curioso, insaciable, preguntón, capaz de sacar de quicio a cualquiera que estuviera frente a él. Sin embargo, su padre valoraba mucho esa inquietud y curiosidad de Arquímedes y lo estimulaba a seguir haciéndolo. Desde pequeño respetó siempre la individualidad y el talento de su hijo y lo invitó a soñar con las cosas más grandes e infinitas. Estimuló con mucho amor y pasión los valores y la capacidad soñadora de su hijo, pues no quería que este se quedara estancado como le sucedió a él.

Arcadio no quería que su hijo repitiera su historia y siempre estaba dando a Arquímedes motivos para seguir siendo curioso, creativo y soñador.

Arquímedes, a pesar de ser un niño, sabía valorar el esfuerzo que hacía su papá y se prometió a si mismo ayudarlo a crecer y hacer que su propio crecimiento personal se convirtiera en estímulo para que su padre pudiera lograr cosas que nunca se había propuesto pero que seguramente llenarían de manera profunda su corazón y su espíritu.

Se podría decir que Arquímedes era un excelente hijo, a pesar de su corta edad, ya que Arcadio era un excelente padre que siempre estimuló a su hijo para que lograra grandes cosas en la vida. Esto a la larga rendiría sus frutos y Arcadio estaba seguro de que su hijo estaba llamado a tener un papel relevante en el Reino y que más temprano que tarde su nombre estaría ligado a las grandes decisiones y grandes momentos de la región donde vivían.

Muy lejos de Anguristán existían pueblos bárbaros, de estirpe colonizadora, que vivían su vida sometiendo a otros pueblos sobre la base del saqueo, el pillaje y la piratería. Estos conquistadores no daban descanso a sus pretensiones hegemónicas y solo estaban fuera de su alcance los pueblos muy lejanos, cuya geografía, plagada de bosques y montañas dificultaban el acceso hacia ellos. Mientras existiesen pueblos más accesibles y con riquezas apetecibles, carecía de sentido ir hasta esos lugares remotos donde no se sabía qué se podría conseguir.

Por ahora Anguristán estaba tranquilo y libre de la amenaza bárbara. Pero todos sabían que esa realidad era solo temporal, pues cualquier cambio en las condiciones de los países más vulnerables, generaría algo de atractivo para la exploración e invasión de lugares no visitados aún por los pueblos salvajes. Eso le daba a Anguristán una cierta debilidad futura, que muy pocos reconocían y a la cual ninguno daba importancia real.

*"Un erudito que atesora el amor a la comodidad
no es apto para ser considerado un erudito"*
Lao-Tsé

II. EL SUEÑO DE ARQUIMEDES

"Para convertir los sueños en realidad,
Lo primero que debes hacer es despertar"
Anónimo

Arquímedes, siguiendo con las enseñanzas de su padre y estimulado en su curiosidad pasaba mucho tiempo soñando. Una noche en la cual había una hermosa luna llena, cuando recién cumplía los siete años, Arquímedes comenzó a preguntarse cómo sería la luna por dentro, ¿qué cosas habría en ella?, ¿cómo sería su superficie?, ¿cuánto se tardaría para llegar a ella?, ¿quiénes vivirían allí?

Estaba el niño sumido en esos pensamientos y en muchos otros cuando de pronto se le vino a la mente una idea: ¿qué tal si pudiera mandar una flecha desde la tierra hasta la luna y amarrarla con una cuerda para que dicha cuerda le sirviera para llegar hasta ella? De esa manera podría saciar su curiosidad de saber cómo era la luna y qué había en su superficie, así como saber quiénes vivían en ella.

Desde ya se veía él paseando y caminando por la luna, disfrutando de la hermosa vista de la tierra. Sin embargo, la realidad se interponía entre él y su sueño loco. Tendré que aprender a manejar el arco y las flechas. Tendré que desarrollar una gran musculatura, que me permita tener la fuerza suficiente para enviar la flecha hasta allá. Tendré

27

que pasar mucho tiempo practicando con mis flechas para poder llegar al momento de enviar una flecha que cruce el cielo y se encaje en la luna, pensaba Arquímedes.

Pronto se vio Arquímedes invadido de un cúmulo de tareas que resultaban necesarias para poder cumplir con su sueño, sin embargo, en ningún momento las vio como una dificultad insalvable, sino como etapas lógicas que lo llevarían por el camino del logro de su objetivo, total, estaba bastante joven para ello. Era tal la determinación del niño, que comenzó a desarrollar un cuidadoso plan mental que le permitiera ir cubriendo poco a poco cada etapa de su alocado proyecto. Desde ya se veía pasando por todas y cada una de esas etapas y finalmente se veía victorioso regresando de la luna y siendo esperado por una multitud que lo aclamaba por el logro de esa maravillosa hazaña. Muy lejos estaba Arquímedes de pensar en las dificultades como una traba y de sentirse agobiado por la magnitud del reto. Su determinación le permitiría vencer cualquier obstáculo y eso era lo que más le importaba.

Cuando le planteó a su padre Arcadio, lo que se proponía, este estalló en una sonora carcajada, sin embargo, cuando su hijo le preguntó por qué reía, le dijo con mucha seriedad, que se reía de sí mismo, pues nunca tuvo el valor de soñar en la forma que él lo estaba haciendo, cuando apenas tenía los siete años de edad. Por poco meto la pata, pensó, pero gracias a Dios su respuesta no se constituyó en un obstáculo de imposibilidad para Arquímedes, que lo desencantara de su objetivo. Decidió seguirle la corriente y dejar que el destino siguiera su curso, sin siquiera saber a través de cuáles extraños caminos su hijo encontraría el éxito y la prosperidad.

Esta estrategia del padre dio sus resultados. Al saberse apoyado por él, Arquímedes cobró la seguridad necesaria para llevar a cabo las difíciles tareas y para soportar con estoicismo las burlas de sus compañeros, quienes se reían a carcajadas cuando Arquímedes les contaba que pensaba llegar a la luna montado en una cuerda amarrada a una flecha.

Para Arquímedes no fue fácil soportar las burlas de sus compañeros, quienes no desperdiciaban ninguna oportunidad para hacer mofa de sus pretensiones. Algunas veces lo perseguían y lo acosaban con chanzas. Le recortaban lunas de cartón y las llenaban con flechas de juguete, le componían canciones en son de burla y gritaban cosas que lo hicieran sentir como un tonto. Sin embargo, mientras más se burlaban de él, más crecía su determinación de lograr su objetivo. Si bien esa situación resultaba sumamente difícil de llevar y soportar para cualquier niño de su época, hay que reconocer que Arquímedes no era un niño cualquiera. Su voluntad y determinación lo hacían casi inmune a las bromas y chistes de sus compañeros de escuela, pero además tenía la capacidad de hacer que quienes se burlaban de él terminaran admirándolo pues cada vez se hacía más exigente y meticuloso en las tareas que realizaba para poder lograr esa visión tan lejana y aparentemente inalcanzable. Muchos de ellos comenzaron a dudar de la imposibilidad de llegar a la luna, producto de la convicción que mostraba Arquímedes. Quienes escuchaban a éste hablando de su idea, terminaban apoyándolo y haciéndose partícipes de su loco proyecto, de esta manera, quienes antes se burlaban, comenzaron a admirarlo y seguirlo.

Estos hechos generaron en Arquímedes con el paso del tiempo una serie de fortalezas y habilidades que jamás imaginó llegar a poseer, pero que se convertían de entrada, en una necesidad imperiosa que debería satisfacer si algún día pensaba de verdad llegar hasta la luna.

Con el transcurrir del tiempo, Arquímedes se hizo cada vez más fuerte emocionalmente, además de mejor persona, mejor líder y un gran atleta. Casi sin pensarlo, Arquímedes, se fue convirtiendo en un hombre extraordinario, tanto física, como mental y emocionalmente, capaz de actuar sin importarle las burlas y críticas de los demás y con una absoluta convicción de lo que deseaba lograr. A medida que Arquímedes crecía y se desarrollaba, la gente se quedaba absolutamente sorprendida con él; muy pronto cobró fama de ser el joven mejor dotado mental y físicamente que tenía, no solo el Reino de Anguristán, sino toda la comarca donde este se encontraba.

"Cada trecho recorrido enriquece al peregrino y lo acerca un poco más a hacer realidad sus sueños"
Paulo Coelho

III. EL CAMINO DE ARQUIMEDES

*"Para el caminante, lo importante
es el camino, no la meta"*
Lao Tsé

Cuando Arquímedes inició su camino con el apoyo de su padre, lo primero que hizo fue pedirle que le regalara un arco y unas flechas y que le enseñara a manejarlos con destreza. Siguiendo con sus deseos, su padre se dedicó a enseñar a su hijo, a esa corta edad, los secretos del manejo del arco y las flechas. Muy emocionado con esto, Arquímedes dedicaba sus horas libres durante el día, a practicar el tiro al blanco y por las noches apuntaba sus flechas hacia la luna e intentaba llegar cada vez más lejos con ellas.

A medida que progresaba y aprendía con exactitud las técnicas más avanzadas, comenzó a notar algunos pequeños defectos en los arcos y las flechas que utilizaba, por lo que le pidió a su padre que le regalara el mejor arco que pudiera construir. Sabía que practicando con mejores armas podría avanzar mucho más y desarrollar cada vez mejores habilidades, acercándose cada vez más, de esa forma, a su visión como arquero.

Noche tras noche Arquímedes exigía al máximo los arcos que recibía de su padre, y muy pronto comenzó a detallar otros problemas en las flechas y algunos defectos en las cuerdas, vibraciones indeseadas, etc. A medida que crecía y practicaba, de día en el tiro al blanco y de noche lanzándolas a la luna, Arquímedes iba desarrollando una gran fortaleza muscular, así como también una gran sensibilidad y una gran exigencia en el manejo del arma. Cada vez le pedía a su padre que corrigiera nuevos problemas, que mejorara la madera de sus arcos, la calidad de las cuerdas, la forma del arma o que afinara la técnica en la fabricación de las flechas y así sucesivamente. Esto hizo que su padre se comprometiera cada día más con la calidad de la fabricación, la calidad del material, la del diseño, etc. Se inició así una carrera entre padre e hijo que hizo que mejorara significativamente el producto final cada día.

Cuando Arquímedes cumplió los catorce años, su padre ya había logrado la fama de ser el mejor fabricante de arcos y flechas de toda la región y sus alrededores. Muy pronto comenzaron a llegar clientes de diferentes lugares atraídos por la calidad de los arcos de Arcadio, calidad que se debía fundamentalmente al nivel de exigencia de Arquímedes y a la dedicación que como padre había tenido para ayudar a su hijo a lograr su visión. En realidad, Arcadio se ayudó a sí mismo cuando decidió ayudar a su hijo.

A la edad de quince años, Arquímedes tenía ya todo un ejército de jóvenes admiradores que siguiendo sus pasos, decidieron comenzar a compartir su visión de enviar una flecha a la luna y acompañarlo en su paseo por la misma. Ya no era solo un loco soñador, sino que poco a poco se fue convirtiendo en un gran líder capaz de hacer que otros compartieran con él su visión, sin sentirse ridículos por hacerlo. Era increíble la cantidad de jóvenes que le seguían y la admiración que sentían por Arquímedes. Esto a su vez lo estimuló para convertirse en una cada vez mejor persona. Quizás sus amigos estaban claros de la imposibilidad de enviar una flecha a la luna, pero la pasión y dedicación de Arquímedes eran una verdadera inspiración para cualquier joven que se acercara a él. Pronto toda su generación en el Reino de Anguristán estaba bajo la poderosa influencia de Arquímedes y su loca visión de llegar a la luna. Arquímedes ponía mucha atención a las ideas y sugerencias que le hacían sus compañeros de aventura. Cada aspecto clave que era señalado por estos, era inmediatamente incorporado dentro de las necesidades del grupo. Arquímedes aprendió a escuchar porque estaba seguro de que era imposible para él solo completar la difícil tarea.

En el momento en que Arquímedes cumplió los dieciséis años, ya Arcadio se había convertido en el hombre más rico de la comarca y el fabricante de arcos más famoso y solicitado en más de cien kilómetros a la redonda. El negocio había crecido de una manera brutal, promovido por la exigencia del arquero que quería flechar la luna. El mismo Arquímedes debió entonces aprender aún más acerca del oficio de su padre y contribuir de manera más directa en el desarrollo del negocio familiar. Detrás de él llegaron a la fábrica toda una pléyade de jóvenes seguidores que querían aprender de la experiencia directa de manejar y fabricar las armas.

Arquímedes por su parte ya había desarrollado una fuerza descomunal y era un arquero legendario a tan corta edad. Su fama recorría los pueblos y todos hablaban de él. Se podría decir que todo el mundo esperaba que pronto llegara el momento de enviar una flecha a la luna, que permitiera a ese numeroso grupo de expedicionarios a la orden de Arquímedes, viajar con él y colonizarla, sin que ningún selenita presentara resistencia. Sus compañeros también desarrollaron una ejemplar musculatura y una fuerza enorme para llevar las flechas lo más lejos posible.

En el momento en que Arquímedes cumplió los dieciocho años, el viejo Rey Angus III se encontraba ya muy enfermo y los rumores de posibles ataques de los pueblos bárbaros se hacían cada vez más fuertes, estas noticias generaban una gran angustia y mucha turbulencia en el Reino. La preocupación de la población de Anguristán y de todos los reinos vecinos iba creciendo cada vez más, lo que comenzó a producir algo de caos en la vida diaria de la población. Si los bárbaros atacaban, se iban a encontrar con una población indefensa que parecía incapaz de reaccionar frente a sus ataques. Pero el Rey Angus III forjó una idea en su mente y no iba a dejar así tan fácil, que los bárbaros tomaran el control de su pueblo.

Es por ello que un día Arquímedes recibió un mensaje del Rey. Quería reunirse con él lo más pronto posible. Sin pensarlo dos veces, Arquímedes fue a visitarlo y lo encontró postrado en su lecho de enfermo.

El Rey le preguntó cómo estaban sus planes en cuanto a su viaje a la luna y casi inmediatamente estaba planteándole lo que ocurriría si los invasores bárbaros llegaran a tomar los pacíficos pueblos de la región. Arquímedes se mostró preocupado por tal perspectiva y preguntó a su Rey de qué manera podría él ayudar. Al fin y al cabo, la suerte de su pueblo era a la vez su propia suerte.

Con mucha calma, incorporándose un poco en la cama, el Rey Angus III, llamó a su hija Almadiana. Cuando

Arquímedes la vio entrar quedó inmediatamente prendado de ella. Era la joven más hermosa y agradable que había conocido en su vida. El la había visto fugazmente en varias oportunidades y le había parecido extremadamente hermosa, pero ahora que la tenía frente a sí, se quedó materialmente sin palabras.

El Rey Angus III, viendo el desconcierto de Arquímedes, le preguntó qué opinaba de su hija, a lo que este con toda sinceridad le expresó su admiración por la joven. Esta retribuyó el comentario de Arquímedes diciendo que ella también lo admiraba muchísimo por haber llegado a ser lo que era y por el gran esfuerzo que había hecho durante toda su vida para ello. En ese momento, el Rey Angus III le dijo a Arquímedes, que dado que el único ejército que existía en la región era el que conformaba él con sus soñadores seguidores, que se hiciera cargo del ejercito del Reino. Arquímedes estuvo de acuerdo, pero aprovechó la oportunidad para preguntarle al Rey si estaba de acuerdo en que él pudiera frecuentar a Almadiana, con miras a llegar a casarse si resultaban compatibles. Almadiana emocionada miró a su padre y este con un gesto de asentimiento, le dio la pauta a Almadiana para aceptar la propuesta de Arquímedes. En esta situación, el Rey le pidió a Arquímedes que en caso de que se casara con su hija, entonces debía también hacerse cargo del estado y prepararse para sucederlo en el trono (ya que el Rey no tenía hijos varones ni hermanos) y de esa manera defendiera al Reino de las invasiones que se veían venir en el horizonte, por parte de los bárbaros.

Por supuesto que Arquímedes se quedó mudo ante tal propuesta, pero viendo la hermosa sonrisa cómplice de Almadiana, inmediatamente aceptó y muy pronto estaba ya casándose con Almadiana y dirigiendo los destinos de su nación y siendo el protagonista de la más espectacular historia de éxito jamás contada en la región.

Valga decir que, gracias al sueño de Arquímedes, su padre se convirtió en el hombre más rico y próspero de la región, él se convirtió en el hombre más hábil y fuerte de su región y en un gran líder que llegó posteriormente a ser Rey, se casó con la joven más bella y se convirtió además en el gran General de su propio ejército.

Quizá Arquímedes no flechó la luna y no llegó hasta ella, pero su visión fue el gran motor que impulso su vida por el sendero a través del cual logró su éxito y por el que arrastró literalmente a los suyos (su padre, sus seguidores y posteriormente su reino). No creemos que el hecho de no llegar con su flecha a la luna, haya incomodado o frustrado a nuestro héroe de ninguna manera.

Si Arquímedes hubiera visto su visión como una simple meta, habría sentido que todo habría sido un estruendoso fracaso, pero vista como faro guía inspirador de su vida, esta visión le permitió disfrutar de unos maravillosos resultados.

Como cierre de esta historia, podemos decir que cuando los bárbaros se enteraron que tendrían que enfrentar al ejército mejor preparado de la comarca y que además utilizaba los mejores arcos que jamás se fabricaron, desistieron de la idea de invadirlos por el momento y Anguristán pudo seguir viviendo en paz por algunos años más. Sin embargo todavía Arquímedes sigue lanzándole flechas a la luna y sus seguidores siguen acompañándolo en esa interminable tarea.

Lo invitamos ahora, en la segunda parte de este libro, a conocer las catorce moralejas o aprendizajes profundos que se desprenden de esta magnífica historia y que pueden ayudarlo a usted, sus relacionados y su organización a obtener el éxito deseado en todos los niveles, partiendo de sus deseos más profundos, que nacen de esos maravillosos sueños que buscan proyectarnos hacia el futuro, comprendiendo que sin sueños no hay visión, sin visión no hay objetivos y sin objetivos jamás habrá éxito.

Las catorce moralejas o aprendizajes que se desprenden de esta historia, que veremos a continuación, son las siguientes:

1ª. No es lo que la visión es, sino lo que la visión hace

2ª. Nunca desestimules los sueños de los demás

3ª. No limites tus sueños compartidos

4ª. Haz un plan para cumplir con tu visión

5ª. Concéntrate en lo que quieres

6ª. Tus Valores no te hacen competitivo, pero te ayudan

7ª. Desarrolla las fortalezas que requiera tu visión

8ª. Consigue gente que te acompañe en tu camino

9ª. Sé cada vez más exigente contigo y con los que te rodean

10ª. El que persevera logra

11ª. Revisa las oportunidades desde tu visión

12ª. La Turbulencia trae oportunidades

13ª. No hay atajos

14ª. Disfruta del viaje

"Lo importante no es el fin del camino, sino el camino.
Quien viaja demasiado aprisa se pierde la esencia del viaje"
Louis L'Amour (Escritor USA)

PARTE II

LAS MORALEJAS Y
APRENDIZAJES DEL ARQUERO

1er APRENDIZAJE: NO ES LO QUE LA VISIÓN ES, SINO LO QUE LA VISIÓN HACE

"Las personas y grupos se obsesionan respecto a <lograr bien la visión>, pero a menudo pasan por alto lo que realmente es una visión como fuerza activa y no solo como una serie de palabras. No se trata de la visión en sí misma, sino de lo que la Visión puede hacer"
Peter Senge - La Revolución Necesaria[1]

Es muy común ver en las organizaciones, que se escriben *declaraciones de visión*, que poseen muy poco impacto en sí mismas. Muchos ejecutivos piensan que es ridículo plasmar en una visión mensajes similares al del arquero cuando dijo que quería *flechar a la luna*. Expresiones tales como *cero defectos*, *cero horas perdidas*, *cero accidentes laborales*, *cero reclamos de clientes insatisfechos*, o *llegar a ser los mejores del mundo en*, son percibidas como inútiles y desproporcionadas. Sin embargo, las visiones rutinarias o de poco impacto, cuyo enunciado parece más bien un saludo a la bandera, lo único que producen es mucho cinismo y poco compromiso en los trabajadores de la organización.

Una visión debe tener un *reto*, debe proporcionarnos algo que nos obligue a pensar en nuevas maneras y métodos para hacer las cosas y a partir de ello crear el estímulo para que la gente asuma su compromiso. Muchos gerentes piensan en la visión como unas palabras hermosas *capaces*

45

de motivar a los trabajadores y que no sean muy difíciles de lograr para que no haya desencantos. Se parte del principio de que una visión debe ser alcanzable, cuando en realidad la visión debe ser infinita, para poder abrir un campo de acción maravilloso donde cada quien tenga posibilidades de crear y desarrollarse más allá de la realidad presente.

Una de las lecciones que nos da el arquero, es que independientemente de lo que sea la visión, lo realmente importante es el inmensamente rico camino que transitamos, cuando la misma se convierte en el faro guía e inspirador de nuestras acciones diarias. Una visión nos permite mantener despiertos nuestros sentidos para aprovechar las verdaderas oportunidades que nos ofrece la vida. Una visión inspiradora pone en juego nuestros corazones y nuestras mentes.

Imagine Ud. que su empresa, en alguna parte de su visión, establece algo como: "deseamos ser una empresa donde nunca tengamos ningún cliente insatisfecho" o "donde elaboremos productos sin ningún defecto". Esas expresiones "ningún cliente insatisfecho" o "productos sin ningún defecto", pueden llegar a ser tan imposibles como "flechar a la luna", sin embargo, yo le hago la pregunta siguiente: si la visión limitara a 1 % los reclamos de clientes y su empresa atiende mensualmente 100.000 clientes, ¿esos 1.000 clientes insatisfechos son una cifra lo suficientemente baja como para pensar que lo estamos haciendo muy bien y que no hay motivos para querer seguir mejorando?, ¿qué pasaría si uno de esos 1.000 clientes insatisfechos fuera Ud.?, ¿cómo percibiría usted a esa empresa que le falló en el servicio?.

Analizando ejemplos como el anteriormente mencionado, comenzamos a comprender lo que significa realmente una visión y es así como entendemos que "no es lo que la visión es, sino lo que la visión hace".

Pensar que el arquero fracasó porque nunca llegó a poner una flecha en la luna, es tan ridículo como pensar que Simón Bolívar fracasó como líder independentista, porque su visión era la de una América libre y unida y él solo alcanzo la libertad de seis países, pero no pudo lograr la unidad americana.

Cuando Bill Gates (fundador de Microsoft) se propuso su visión de "un computador en cada hogar y al menos un programa hecho por su empresa en cada computador", muchos pensaron que estaba loco, pero menos de 10 años después ya se había convertido en uno de los hombres más ricos del mundo. Es muy posible que nunca ocurra que cada hogar tenga un computador, pero ese hecho es ya irrelevante para quienes han seguido la visión de Bill Gates en Microsoft.

Cuando formules tu visión piensa en ese campo infinito de posibilidades que se abre cuando te enfrentas a un reto descomunal que en ese momento parece ser imposible de realizar, pero que solo el tiempo dirá si podrás alcanzarlo realmente, o si no tendrás que preocuparte jamás por tal cosa.

Quisiera brindarles algunos importantes criterios para formular una visión motivadora que nos impulse hacia el éxito:

Una visión debe:

- Proveer el camino a seguir para llegar al lugar deseado.

- Generar entusiasmo acerca de la dirección futura.

- Generar confianza en el liderazgo.

- Ofrecer criterios para el éxito.

Una *visión* es como un sueño que cautiva y mueve a la acción. Toda organización, para desarrollar su *visión* de futuro, debe estar dispuesta a soñar, sin sueños no hay posibilidad de crear futuros diferentes, pero recuerde que después de haber reconocido sus sueños, debe despertar e iniciar el camino de la acción, pues sin acción no se puede lograr resultados.

Un buen arquero sabe cuál es el blanco al cual van dirigidas sus flechas y en función de ese blanco, establece los mecanismos y estrategias que lo van a llevar a que cada uno de sus disparos sea lo más certero posible. Además, confía en su fuerza interior y sus habilidades, para sostener adecuadamente el arco y mantener el pulso necesario para el logro de su objetivo. Cada flecha lanzada lo acerca cada vez más a la diana, haciendo los ajustes necesarios.

Aplique estos criterios en su organización y disfrute de los beneficios que esto le generará de manera casi inmediata. No tema hacer el ridículo, pues son las ideas más ridículas las que han terminado por cambiar el mundo.

"Visión es el arte de ver las cosas invisibles"
Jonathan Swift (Escritor irlandés)

2° APRENDIZAJE: NUNCA DESESTIMULES LOS SUEÑOS DE LOS DEMÁS

"El secreto para vivir en paz con todos, consiste en el arte de comprender a cada uno según su individualidad"
Federico Luís Jahn (Educador alemán)

Recordemos el momento en que Arquímedes le cuenta a su padre, su sueño de llegar a la luna con una flecha: "Cuando le planteó a su padre Arcadio, lo que se proponía, este estalló en una sonora carcajada, sin embargo, cuando su hijo le preguntó por qué reía, le dijo con mucha seriedad, que se reía de sí mismo, pues nunca tuvo el valor de soñar en la forma que él lo estaba haciendo, cuando apenas tenía los siete años de edad. Por poco meto la pata, pensó, pero gracias a Dios su respuesta no constituyó un obstáculo de imposibilidad para Arquímedes, que lo desencantara de su objetivo. Decidió seguirle la corriente y dejar que el destino siguiera su curso, para saber a través de qué extraños caminos su hijo encontraría el éxito y la prosperidad".

Este podría ser el momento mágico de nuestra historia. Todo lo que sucede a continuación es producto de la actitud que tomó Arcadio, el padre de Arquímedes frente al sueño de su hijo. El hecho crucial en la historia del arquero fue la actitud de su padre, cuando evitó desestimularlo haciendo algún comentario inadecuado acerca de la idea de

Arquímedes de flechar la luna. Arcadio cobró conciencia de que lo estrecho y corto de sus metas provino fundamentalmente de su capacidad de autocensurar sus propias ideas, haciéndolas sentir como irrealizables y a partir de allí dejar de soñar con las cosas imposibles.

Uno de los errores más comunes que cometemos hoy en día con nuestros hijos, nuestras familias y nuestros negocios en general, es el de no permitirle, a quienes nos rodean, darle rienda suelta a su imaginación. Las ideas más extravagantes y extrañas son tildadas de "locas" o "imposibles" y eso le resta impulso a quienes las promueven. Cada vez que desacreditamos o juzgamos a alguna persona por las ideas que expresa, le estamos cerrando el paso a la generación de nuevas ideas capaces de transformar al mundo, tal y como lo hizo Arquímedes. Esa capacidad que tenemos para juzgar las ideas de los demás, viéndolas desde nuestros paradigmas obsoletos o en el peor de los casos limitados, se convierte en un mecanismo perverso de desestímulo a quienes han tenido la capacidad de acallar su propia autocensura y soñar con nuevas ideas radicales e innovadoras, capaces de cambiar el mundo, tal como ocurrió, verbigracia, con Cristóbal Colón en su época.

La historia, sin embargo, se ha cansado de mostrar que es a partir de sueños imposibles como se han forjado grandes historias de éxito a nivel personal y empresarial.

Imaginemos a Henry Ford a finales del siglo XIX y principios del siglo XX, intentando vender sus autos, cuando la gente solo conocía carruajes tirados por caballos, nadie sabía manejar y no existían calles adecuadas, estaciones de servicio de combustible, semáforos, leyes de tránsito, mecánicos, etc. Solo su determinación logró convertir su negocio en el de mayor impacto en la sociedad del siglo XX y lo que va del siglo XXI, al punto que las ciudades modernas han sido concebidas desde las vías de circulación de vehículos y no desde la perspectiva del ser humano.

Otro ejemplo de esto fue citado en el capítulo anterior, cuando nos referimos a Bill Gates, quien a finales de los años 70, tuvo la visión de "un computador en cada hogar y al menos un programa de su empresa en cada computador". Esta idea era tan descabellada en esa época que cuando Gates se reunió con el presidente de Digital Equipment Corporation, Ken Olsen, este dijo una de las frases más famosas que recoge la historia de los fracasos empresariales. Olsen respondió a Gates diciéndole: "y quien te dijo que la gente quiere tener un computador en su casa".

Por supuesto que Olsen estuvo equivocado y eso lo sabemos ahora, pero podemos apostar que la mayoría de la gente que interactuó con Bill Gates en esa época, lo más seguro es que pensara que estaba loco de remate y en el mejor de los casos lo llamaran un "muchacho visionario soñador".

Todos los seres humanos contamos con una fuente inagotable de creatividad, que se encuentra ubicada en nuestro cerebro derecho y que es capaz de producir las más espectaculares ideas capaces de cambiar el rumbo de nuestra humanidad. Sin embargo, la productividad de nuestro cerebro derecho se ve sometida día a día a la prueba de confrontar esas ideas con la realidad imperante. Piense Ud. qué pasaría si cada persona que nos presenta una idea loca, recibiera el estímulo y la motivación para seguir adelante e intentar convertirla en realidad. Creo que podríamos estar en presencia de un motor generador de progreso y de bienestar sin límites.

En qué mundo viviríamos hoy, si no fuéramos capaces de poner en acción nuestra imaginación y nuestra capacidad creadora, en particular creo que tendríamos un mundo sin los enormes retos a los que nos enfrentamos hoy en día.

Cualquier organización que desee cambiar el mercado donde participa para lograr mejores resultados, tiene el deber de estimular a sus trabajadores para que sueñen con cosas imposibles. Es necesario crear un ejército de *arqueritos* a prueba de burlas, capaces de desarrollar la templanza necesaria para seguir adelante y obtener resultados a veces inesperados que surgen por el simple hecho de haber creído en un imposible.

El arquero no llegó a flechar la luna, pero su constancia y perseverancia, su disciplina, forjada al calor de su sueño y el liderazgo que logró desarrollar fueron factores fundamentales para los grandes logros obtenidos. Es necesario además comprender que esos logros no fueron producto de la casualidad, sino de un plan de trabajo bien concebido, que fue entramándose con la realidad y conformando un sólido tejido de eventos que llevaron al éxito del arquero.

Una organización que desee ser líder, debe propiciar la creatividad de sus miembros, sin castigarlos por sus fallos ni burlarse de sus ideas. Esto significa asumir el compromiso de estimular a la gente a hacer cosas nuevas.

Una de las empresas más innovadoras del mundo es SONY. Cuenta la historia que hace muchos años el señor

Akio Morita asumió la costumbre de utilizar el ascensor de los empleados (y no el de los ejecutivos), para preguntarles a los trabajadores de la empresa qué nuevas ideas tenían para mejorar los productos de la empresa. Al principio, a los trabajadores no les gustaba mucho la idea de compartir el viaje con el Sr. Morita, porque no tenían nada que decir. Sin embargo, el Sr. Morita se mantuvo firme en su costumbre de compartir el ascensor con los empleados y obligarlos a conversar con él. Poco a poco la gente comenzó a esperar al Sr. Morita para contarle sus nuevas ideas y posteriormente los trabajadores se peleaban por ir en el ascensor con él para contarle lo que estaban haciendo.

Otra empresa considerada innovadora como 3M, obtuvo uno de sus productos más exitosos de un error de producción. El Post-It, nació como producto de una goma de pegar defectuosa que posteriormente sirvió para dar origen a esos papelitos pegajosos que nos ayudan a mantener muchas cosas organizadas en nuestras oficinas. Si 3M hubiera castigado a quienes fracasaron en el desarrollo de ese pegamento, jamás habría obtenido el desarrollo de ese nuevo producto, pues rápidamente habría pasado al olvido.

¿Pensó Ud. alguna vez en una impresora 3D capaz de imprimir objetos sólidos?, ¿ha pensado alguna vez en la teletransportación?, ¿le gustaría ver televisión en 3D sin tener que usar unos lentes especiales?, ¿ha deseado ser invisible?, ¿soñó alguna vez con inyectarse robots autorreproducibles (nanobots), para darle soporte a su sistema inmunológico? Todas estas ideas se encuentran actualmente en desarrollo o en la práctica, como consecuencia de que alguien pensó que era posible y se han dedicado grandes esfuerzos y recursos a lograr que lo sean. El mercado lo liderarán aquellos que sean capaces de invertir recursos para llevar nuevas ideas a la práctica, estos son los que el autor Joel Barker[2] llama *Pioneros de Paradigma*.

Todas esas ideas que aparecen en el imaginario de nuestras tiras cómicas favoritas, forman parte de las nuevas investigaciones que se realizan hoy en día. Si en vez de dedicar nuestro esfuerzo a desarrollar nuevas invenciones y productos o a mejorar los existentes, nos dedicamos a desestimular a nuestros inventores y soñadores le estaríamos haciendo un flaco servicio al desarrollo de nuestra tecnología y a los cambios del mundo.

Todos los seres humanos tenemos una gran capacidad creadora, pero nuestros paradigmas, modelos mentales y creencias, a veces se convierten en un mecanismo inhibidor de nuevas ideas. Dejar que nuestros hijos, familiares o trabajadores utilicen esa prolífica imaginación que tienen, sin desestimularlos, es la mejor política que podemos seguir para lograr que quienes nos rodean se conviertan en seres innovadores y creativos. Un gerente exitoso permite a sus trabajadores desarrollar sus ideas y tiene la inteligencia para asumir riesgos en aquellas que parezcan capaces de cambiar profundamente los paradigmas imperantes. Sin embargo es bueno recordar que por cada idea exitosa, existen cientos de ideas fracasadas, de manera que el fracaso forma parte intrínseca de este proceso de desarrollo.

Lo inteligente es, de entrada, no desestimular a quienes proponen cosas nuevas y dejar que con el tiempo, se decanten las mejores ideas y se pueda tener un portafolio de nuevos productos y servicios que hayan pasado la prueba de la constancia. El éxito o fracaso de una idea proporciona otras ganancias secundarias, que en muchas oportunidades van más allá de lo que uno de propone al principio, tal y como le sucedió al arquero y a su padre. La imposibilidad de lograr algo no es una excusa para no intentarlo, esas ganancias secundarias muchas veces son tan buenas y atractivas que nos hacen sentir que valió la pena intentarlo.

Una de las características más importantes para la creación de nuevas ideas es la "ingenuidad". Mientras menos se conoce un tema en profundidad, más posibilidades tenemos de generar nuevas ideas capaces de modificar los paradigmas existentes. La *ingenuidad con ingenio* es una excelente manera de lograr estos cambios de paradigmas. Joel Barker en su libro *Paradigmas*[2] dice que las nuevas ideas de una ciencia se escriben en los márgenes de ella.

Quienes están altamente comprometidos con el paradigma imperante son incapaces de ver las posibilidades de los nuevos paradigmas. Son los *ingenuos* quienes tienen mayor apertura para cambiarlos. Los suizos perdieron la oportunidad de desarrollar los nuevos relojes electrónicos porque no respondían a sus ideas preconcebidas, a pesar de que fueron inventados en sus propios laboratorios de Neuchatel. Al final, los grandes "relojeros" debieron cambiar a un nuevo paradigma de "joyeros", para poder mantenerse en el mercado. Actualmente este nuevo mercado es más pequeño pero también es más exclusivo.

El arquero exitoso no desestima sus sueños ni los sueños de los demás. Se permite y les permite a los demás usar su energía para poner en práctica las nuevas ideas. Las ideas más descabelladas pueden llegar a tener extraordinarias implicaciones y desenlaces capaces de cambiar nuestras vidas y las de los demás.

Cuando alguien te proponga algo nuevo, haz como el arquero y su padre, no lo destruyas de entrada, permite que esa idea madure y se desarrolle. Si no lo hace no era tan buena. Si lo hace, entonces estarás en presencia de un cambio significativo con el potencial de generar enormes beneficios para muchos e incluso de cambiar el mundo que conocemos.

"Da tu primer paso con fe, no es necesario que veas la escalera completa, sólo da tu primer paso con fe"
Martin Luther King

3er APRENDIZAJE: NO LIMITES TUS SUEÑOS COMPARTIDOS

*"Que cada hombre construya su propia catedral.
¿Para qué vivir de obras de arte ajenas y antiguas?"*
Jorge Luís Borges

Nuestro cerebro no sabe distinguir entre la realidad y la fantasía, tanto en un sueño como en la realidad nuestro cerebro se comporta de la misma manera, produce las mismas emociones, libera las mismas endorfinas y crea las mismas reacciones en ambos casos. Si nos colocamos un casco de realidad virtual, nuestro cerebro vive la experiencia como si la misma fuera real. Entonces cabe preguntarse, ¿cómo podemos trabajar nuestros sueños para convertirlos en algo tan poderoso como lo es una visión infinita?, ¿puede una organización desarrollar una visión colectiva a partir de sueños individuales?, creemos que si se puede.

Es más, estamos convencidos de que toda organización, como "ser viviente" que es, requiere tener una visión de futuro, una visión que le de energía para lograr sus objetivos y metas, oriente los planes y permita generar estrategias, pero, ¿cómo desarrollar una visión organizacional a partir de los sueños de una parte de la comunidad que la conforma?

Arquímedes inició su sueño solo y posteriormente se fueron incorporando otras personas que comenzaron a compartir ese sueño de llegar a la luna, hasta convertirlo en una visión compartida. El arquero tuvo la habilidad y la fuerza para incorporar las ideas de otros para enriquecer las suyas propias y fortalecerse como líder de ese "absurdo pero increíble proyecto".

Peter Senge, en su libro *La Quinta Disciplina*[3], nos habla de la visión compartida. Senge dice que la visión de una organización debe ser compartida por todos los miembros de ésta y que solo cuando todos estén alineados en torno a ella, se podrá obtener resultados favorables que apunten al logro de los objetivos empresariales.

Una visión es energía pura, trascendente, que recoge y concentra el espíritu de la organización. Debe ser construida dentro del seno de la organización, a partir de la integración de las visiones personales de sus miembros y su representación, es como una especie de holograma, que si bien está conformado por visiones diferentes, cada una de ellas mantiene en sí misma a la totalidad. Una visión es entonces un todo, pero también contiene las partes, para brindar coherencia y congruencia entre lo que deseamos y lo que hacemos, lo que somos y lo que deseamos, lo que pensamos y lo que hacemos.

Dado que la construcción de una visión compartida, muchas veces parte de las visiones personales de algunos de sus integrantes, esto introduce en el proceso un elemento muy importante, que es el sentido democrático que se puede producir en la organización durante su desarrollo. No debemos limitar la creatividad de quienes participan en el proceso de construcción de la visión compartida, todos y cada uno de quienes participan, deben tener el derecho y la libertad de expresar sus ideas. El mismo proceso se encargará de decantar cuales ideas son compartidas por la mayoría. Arquímedes escuchaba las ideas y sugerencias de sus colaboradores y amigos y las incorporaba a la visión y los objetivos, con el fin de enriquecerlos y proporcionar a dichos colaboradores un profundo sentido de pertenencia a esa loca idea de flechar la luna. Y como ya dijimos, no era solo una idea de Arquímedes, sino un ideal compartido por todos los que colaboraban en su proyecto.

Si deseamos, como Arquímedes, crear una visión compartida para la organización, debemos desarrollar dos aspectos fundamentales para su formulación:

1. El desarrollo del *Ser Organizacional*, que proviene de la integración de las necesidades y expectativas individuales que poseen los miembros de la organización, concentrándose fundamentalmente en aquellos aspectos que son compartidos por la mayoría de sus miembros y que son convertidos de ésta manera en "Valores Compartidos".

2. El desarrollo de un "Sueño del Negocio"[(4)], como paso previo al establecimiento de la visión compartida de la organización. ¿Por qué un "Sueño del Negocio"? Los sueños son la manifestación subjetiva del *Ser*, son elementos que le permiten al hombre ser *Sujeto* y no *Objeto*. Son el modo natural de arranque de una visión y además conforman el mejor energizante que tiene el ser humano para lograr cosas, aunque sea parcialmente.

Como vemos, este proceso genera un *querer ser* del negocio que le dará vida y sentido. Por supuesto, siempre podría haber alguien que no quiera compartir la visión resultante, pero en este caso, su propia *maestría* personal, alimentada por el proceso de desarrollo de la visión compartida, le indicará inmediatamente, que ese no es el sitio más apropiado para realizar su "sueño personal", ya que no se siente alineado con el sueño colectivo, por lo que deberá buscar un nuevo rumbo, dejando la organización para aquellos que si comparten la Visión.

Ahora bien, cabe preguntarse, ¿cómo se construye un "sueño del negocio"?. Este sueño se construye a través de un proceso subjetivo. Se requiere de apertura mental, una excelente concentración y mucha relajación y apertura para desarrollarlo, además de una gran capacidad de escuchar energéticamente el sueño de los demás miembros de la comunidad, capacidad que no siempre se consigue en nuestras organizaciones, que intentan ser "racionales" y "coherentes" todo el tiempo, sin dar oportunidad a la búsqueda de grandes ideales.

Como sociedad objetivada y racionalista que somos, no terminamos de aceptar el poder de los sueños como factor de cambio, ya que muchas veces creemos que son otros quienes deben hacer las cosas. Somos parte de una sociedad que normalmente se niega a soñar, porque se siente ridícula haciéndolo. Arquímedes tuvo que soportar las burlas y murmuraciones de quienes lo rodeaban, hasta que su fuerza y su perseverancia superaron con creces a quienes pensaban que estaba loco y les hizo ver que cuando se tienen sueños y se es capaz de compartirlos y desarrollarlos en forma conjunta con las personas interesadas, los resultados no se hacen esperar, aun cuando no se trate "literalmente" del logro de la visión tal y como la formulamos.

Somos parte de una sociedad que generalmente posee baja autoestima y a la que normalmente no le gusta "soñar". Somos bastante reacios a soñar, porque nos parece que es algo que no podremos "tener" en el sentido posesivo. El ser soñador es una especie de estigma social, que caracteriza a gente que se pasa la vida pensando en cosas imposibles. Sin embargo, creemos que el hombre que basa su vida en el *tener* y es incapaz de soñar se vuelve un elemento reactivo, que se pasa la vida "aprovechando las oportunidades", es decir, reaccionando frente al medio para sobrevivir, pasando por encima de los demás, con el fin de obtener beneficios personales que no podría conseguir de otra forma, por su falta de claridad de objetivos y su visión negativa de la vida.

Si queremos construir ese "Sueño del Negocio" del que estamos hablando, se requiere de algunas condiciones:

1. Que existan o se desarrollen muchos sueños individuales sobre el negocio, por parte de sus miembros componentes.

2. Que se establezca un diálogo y una discusión constructiva, de todos los miembros del equipo, para obtener elementos que sean comunes a todos los sueños formulados.

3. Que se desarrolle la construcción de un sueño "común", a partir de las coincidencias y la síntesis que emerja de una discusión constructiva realizada por todo el equipo de trabajo.

El proceso de soñar, debe estar muy bien orientado, a fin de lograr el objetivo deseado, aunque a veces sea difícil derribar las barreras mentales que nos hacen sentir ese proceso como algo ridículo. Sin embargo, estamos convencidos que una visión compartida de una organización, que no provenga de un sueño colectivo, es más difícil de lograr, pues un *sueño común* es un elemento verdaderamente alineador.

Por otra parte, una ejecución incompleta y racionalista de la visión le quita su carácter trascendente y la convierte en una visión ordinaria, sin fuerza, y que al ser lograda, produce la sensación de que ya no se puede hacer cosas mejores en la vida. Warren Bennis y Burt Nanus en su libro *Líderes*[5] expresan que una visión debe ser poco clara y difusa, porque si no, no es una visión. Esto nos sugiere utilizar el Sueño del

Negocio como una estrategia válida e importante para generar esa deseada visión compartida.

La visión compartida debe tener una forma sencilla, que integre al "sueño", el qué y el para qué de la empresa a fin de hacerla manejable por parte de la organización.

El proceso posterior de revisión de la visión, debe ser un proceso continuo y permanente. Una visión debe ser un "ente viviente", que se ajusta permanentemente a los requerimientos de la gente y de la empresa.

Dos principios básicos que deben regir la alineación de un equipo alrededor de una visión compartida en cualquier organización que desee ser competitiva son los siguientes:

1. "Dime qué hay que hacer, pero déjame hacerlo, como pienso y creo que debo hacerlo" y

2. "Pongámonos de acuerdo para hacer las cosas de una manera tal, que todos nos sintamos bien haciéndolas"

Si bien son muchas las organizaciones que hoy en día han comenzado a recorrer el camino de la búsqueda de una visión compartida, es necesario aclarar que este no es un proceso sencillo, ya que pasa por muchos involucrados y se requiere tiempo para lograr cambios, no es algo rutinario y ordinario que se logra sin esfuerzo.

Mientras más tardemos en comenzar, más tardía será la posibilidad de llegar a nuestro destino y menos posibilidades ciertas tendremos de hacerlo.

El arquero exitoso es capaz de imponerse una nueva mentalidad y una nueva actitud, que le permita convertirse en un nuevo *ser humano*, capaz de asumir los retos y de alinearse efectivamente con los demás miembros de la organización donde trabaja, y cada uno de nosotros, tal y como lo hizo el arquero, debe trabajar como si esa visión se fuera a lograr y no como si se tratara de un evento imposible de lograr.

"Estamos de acuerdo en que tu teoría es loca.
Lo que nos divide es si es lo suficientemente loca"
Nielhs Borh a Wolfang Pauli.

4º APRENDIZAJE: HAZ UN PLAN PARA CUMPLIR CON TU VISION

"Nunca andes por el camino trazado por otros,
pues él solo te conducirá adonde ellos fueron"
Alexander Graham Bell

Todo ser humano que desee ser altamente efectivo, necesita tener una clara visión de su futuro como ser humano y un mapa de caminos que le permita tener una idea clara de cómo llegar a cumplirla. La Visión produce la energía y el aprendizaje necesarios para llegar al éxito. El claro conocimiento del sentido de la vida, es el elemento fundamental para establecer nuestros objetivos. Los objetivos salen de la Visión, son la concreción de los sueños imaginados por nosotros. Si no existe una clara visión del futuro, los objetivos propuestos, pueden no ser coherentes ni consistentes y carecer por completo de sentido. Recordemos que una visión es algo trascendente y grandioso que establece un sentido de dirección o norte hacia el que debemos ir. Una vez establecido este sentido de dirección, los objetivos son elementos concretos a alcanzar dentro de ese camino, por lo que ambos conceptos están totalmente enlazados.

En nuestra sociedad actual, lo común es que las personas no tengan una visión clara de lo que quieren ser y de hacia dónde se dirige su futuro. Esto es consecuencia del desconocimiento que tenemos de nuestras necesidades actuales y peor aún de nuestras necesidades y expectativas hacia el futuro. Vivimos sumidos en el día a día, tratando de sobrevivir hoy,... y mañana ¡quién sabe!

Una organización en la que sus miembros no posean sentido de pertenencia, donde cada cual vele por sus propios intereses individuales, sin conciencia del todo, es como un barco donde cada quien rema hacia donde lo desea, sin un sentido de dirección claro, sin compromiso y sin resultados relevantes. Encontrar el sentido de dirección de una organización comienza por hacer que cada uno de sus miembros encuentre su propio sentido de dirección.

Esto nos lleva al concepto de alineación organizacional. Para que se produzca un proceso de alineación organizacional de adentro hacia afuera, existen dos elementos fundamentales, que son, primero, el desarrollo y crecimiento personal de todos y cada uno de sus miembros, a esto lo hemos llamado efectividad personal y segundo, el compartir una visión sobre el futuro de la organización, con un fuerte compromiso del liderazgo hacia el logro de ésta.

El primer elemento, que tiene que ver con el logro de la calidad personal, le permite a cada miembro de la organización, definir claramente su propia visión personal. A partir de las visiones personales es que se establecen los elementos que permitirán la construcción de una visión compartida. El conocer que mi futuro como individuo está ligado con el futuro de la organización es la mejor razón que existe para alinearme con ella. De manera que lo primero que debe ocurrir para que exista la alineación, es la conciencia plena de cada miembro de la organización de cuáles son sus necesidades, la capacidad que posee para atender dichas necesidades y el cómo usar la experiencia como un poderoso factor de crecimiento, que le permita armonizar su contexto organizacional con el resto de sus contextos como ser humano.

Es a partir de este hecho, que cada quien debe comenzar a trazar su mapa de caminos que lo lleve a concretar esos hechos claves que lo acercarán a su visión. El arquero estaba claro de que el logro de su visión, pasaba por el camino de aprender a manejar adecuadamente el arco, pero también pasaba por lograr que sus arcos, flechas y cuerdas tuvieran las características necesarias para la difícil tarea que se proponía. Esto lo llevó a alinear su visión con la de su padre el fabricante de arcos, que a partir de ese hecho se convirtió en un exitoso empresario de la fabricación de armas.

Habría sido imposible el logro del arquero sin esta alineación padre-hijo que actuando como una totalidad, logró atraer a una gran cantidad de jóvenes que se alinearon con el sueño del arquero y le permitieron proyectar la imagen de ser un gran ejército de excelentes arqueros capaces de defender con todo éxito al reino de Anguristan.

Mucha gente, que se propone lograr cosas, desconoce el mapa de caminos que debe recorrer y eso los dirige rápidamente al fracaso. La visión es el inicio de cualquier plan que deseemos desarrollar. Un plan sin visión es inútil y una visión sin plan no lleva a ninguna parte. Se requiere conocer cuál es el punto de inicio y tener una cierta idea de los diferentes elementos que pudiéramos encontrar en el camino. El conocimiento claro de los alcances de la visión es un excelente elemento orientador que nos permite tomar decisiones en el camino.

Como dice el conocido autor Joel Barker en su video *El Poder de una Visión*[6]: *"Una visión sin acción es simplemente un sueño, una acción sin visión carece de sentido, una visión de futuro puesta en práctica, puede cambiar el mundo"*;

comienza a cambiar tu mundo y verás como todo lo demás cambia.

El arquero excelente asume el reto permanente de actuar con sabiduría para poder dejar a sus hijos y los hijos de sus hijos, un mundo mejor y cada uno de nosotros debe también ser capaz de asumirlo.

No dejes tu futuro en manos de otros, un gran arquero es el que logra construir su propio mundo desde dentro de sí mismo y luego se proyecta hacia todos los que le rodean.

"El futuro pertenece a quienes creen en la belleza de sus sueños"
Eleanor Roosevelt

5º APRENDIZAJE: CONCENTRATE EN LO QUE QUIERES

*"Te conviertes y atraes, aquello en lo que más piensas.
Ley de la Atracción"*
El Secreto

La organización es una realidad social compuesta por individuos que necesitan de ella para lograr la satisfacción de muchas de sus necesidades y éstas son menester para la vida. Las necesidades son una exigencia del organismo, sin las cuales este no sabría ni podría orientarse, diferenciarse y vivir.

En muchos casos, el ser humano convierte a la organización donde trabaja en su razón de ser. Vivimos en la organización, de la organización y para la organización. Pasamos más tiempo en la organización que con nosotros mismos, que con la pareja, con la familia y con los amigos.

El sentido de vida difiere de un individuo a otro. Así pues, lo que importa no es el sentido de vida en términos generales, sino el significado concreto de la vida de cada individuo. El sentido de la vida de un ser humano es su razón de ser y cada uno tiene en la vida su propia misión que cumplir. Cada uno debe llevar a cabo un cometido concreto, por tanto, ni puede ser reemplazado en su función, ni su vida puede repetirse; su tarea es única, como única su oportunidad para instrumentarla.

La búsqueda por parte del ser humano del sentido de la vida constituye una fuerza primaria de sus impulsos instintivos. Este sentido es único y específico en cuanto es uno mismo quien tiene que encontrarlo.

Cuando se encuentra el sentido de la vida, se descubre la razón de la existencia. Por lo tanto, los individuos tienen que tomar conciencia de su necesidad de trascender, tanto de su *querer ser* (visión) hacia el futuro, como del camino a desarrollar para reafirmar su razón de ser (misión).

Para muchos trabajadores no hay conexión entre ambos niveles. El "¿quién estoy siendo?" muchas veces, tiene poco que ver con el "¿qué estoy haciendo?". Si esto se prolonga demasiado, puede causar toda clase de tensiones, infelicidad, frustración e inefectividad en los quehaceres de su vida.

La visión es un destino específico donde se quiere llegar, es la imagen de un futuro deseado, es como un sueño, y como ya dijimos, crea un campo abierto donde se desarrolla el espíritu. Sin embargo, los sueños son más que sueños, son la manifestación auténticamente subjetiva del ser, son los elementos reales que permiten al individuo ser sujeto y no objeto. Son el mejor energizante que tiene el ser humano para lograr cosas, para lograr su querer ser y descubrir su razón de ser, el verdadero sentido de su existencia. Nietzsche decía: "Quien descubre un *por qué* para vivir, encontrará casi siempre el *cómo* vivir".

Debemos establecer nuestros objetivos, metas y estrategias, en función de nuestra visión personal y una vez establecidos, preguntarnos qué hacer, cómo hacerlo, cuándo hacerlo, dónde hacerlo y por qué hacerlo y concentrarnos en ello.

Es necesario manejar nuestro tiempo sabiendo cuándo somos efectivos y cuando no. Entendemos por ser efectivos, la aptitud y actitud para producir los resultados deseados, siendo eficientes la mayor parte del tiempo y utilizando racionalmente nuestros recursos disponibles. Siguiendo con el principio de "denme una palanca lo suficientemente larga y un punto de apoyo lo suficientemente fuerte y moveré al mundo", planteado por Arquímedes (el sabio y no el arquero de nuestra historia) en la antigüedad, se busca lograr resultados con un mínimo esfuerzo empleando los instrumentos adecuados.

Esto nos debe llevar a desarrollar y seguir un plan estratégico personal que nos permita ser lo más productivos posibles y concentrar nuestros esfuerzos en lo que nos lleva por el camino de nuestra visión.

Es necesario realizar una agenda de compromisos y establecer nuestras prioridades, entendiendo la importancia de hacer primero lo primero, tal y como lo plantea Stephen Covey en su libro *Los Siete Hábitos de la Gente Altamente Efectiva*[7]. Es necesario revisar en qué empleamos nuestro tiempo y descubrir a qué le estamos dedicando nuestra atención, con el fin de centrar nuestra actividad en aquellas cosas que nos acercan a nuestros objetivos. Es decir, mantener el foco en lo que nos interesa y nos lleva por el camino trazado por la visión.

Si realizáramos una auditoría de nuestras actividades diarias, descubriríamos que en muchas ocasiones tendemos a pasar el tiempo en lo que nos resulta cómodo (lo conocido y que no implica riesgos, llamado también *zona de comodidad, o de confort*), en lugar de dedicarnos a lo que es efectivo, importante y potenciador, capaz de acercarnos a nuestra visión.

Es recomendable elaborar una lista de todas las actividades que realizamos cada día y medir el tiempo que utilizamos en cada una de ellas y en todos y cada uno de nuestros contextos, a fin de saber sobre cuales aspectos de nuestra vida debemos comenzar a actuar de manera inmediata.

Mucha gente cree que podemos poner nuestra vida en automático y obtener resultados de calidad, sin hacer nada especial para lograrlo. Sin embargo, no hay forma de tener un jardín hermoso sin que haya un jardinero dedicado. Es necesario identificar lo que es importante para nosotros y concentrar nuestro esfuerzo en trabajar para que crezca y se desarrolle. No se trata de encontrar herramientas mágicas, sino en saber organizarnos para obtener el mayor provecho posible de todas y cada una de las cosas que hacemos. No importa la herramienta física que utilicemos, lo importante es hacerlo bien.

La visión provee elementos para el liderazgo, y nos ofrece un sentido de orientación, de dirección en la vida. La creación de objetivos, a partir de una visión, tiene como elemento principal, el uso de la imaginación y requiere de la conciencia de saber que requerimos establecer un rumbo, para poder lograr la efectividad como seres humanos o como organizaciones. Si uno no sabe lo que busca, lo más probable es que no consiga nada. Quienes andan por la vida sin saber lo que desean y sin una conciencia clara de por qué están en el mundo, de cuál es el sentido de su vida, difícilmente pueden sentirse satisfechos, debido a que no tienen un elemento concreto y bien definido, que les permita saber si lograron el éxito o no, ya que éste está asociado al conocimiento de los objetivos a lograr y las metas a cumplir para alcanzar dichos objetivos.

Algunas preguntas importantes, que podemos hacernos para no perder el foco son las siguientes:

- ¿Cuál es el mejor uso que puedo hacer de mi tiempo en este mismo momento?

- ¿Qué es lo más importante por hacer en este momento?

- ¿Qué es lo correcto que debo realizar ahora?

- ¿Se halla esto que hago en mi *centro de enfoque*?

- ¿Se halla esto dentro de mi círculo de influencia o es parte de mis preocupaciones?

- ¿Existe una solución diferente a las alternativas que me he planteado actualmente?

- ¿Qué principios se aplican en esta situación?

- ¿Cuál es la mejor forma de aplicarlos?

Enfocarse es la manera adecuada de poder lograr lo que nos proponemos. Hay quienes dicen que cuando uno se enfoca en lo que desea, el universo conspira para que lo logre. El enfoque abre la percepción y los sentidos y nos permite descubrir dónde están las distracciones y donde están las oportunidades. El arquero no perdió el tiempo pensando en lo difícil de la tarea a realizar o en lo lejano del logro, simplemente se enfocó en desarrollar las habilidades y herramientas que lo llevaron por el camino del logro. El arquero no perdió el tiempo haciendo cosas cómodas y fáciles, sino que se concentró en llevar sus flechas unos pocos centímetros más allá cada día. Los japoneses lo llaman *Kaizen*, un poco más cada día sin descansar. Eso es lo que nos permite ser exitosos y alcanzar nuestros logros más preciados.

El enfoque es atención que te nutre, te llena de energía y alimenta, e intención que te transforma como ser humano. Una visión debe ser elaborada con intención y seguida con atención. Cuando vamos por el camino de la visión, es necesario estar atentos a lo que sucede en dicho camino, para seguir por la senda que nos lleve a donde nuestra intención se propone, sin desviarnos por caminos que nos alejan del sentido de nuestra vida.

Un arquero exitoso actúa con plena conciencia de lo que está haciendo, buscando que el foco se mantenga siempre presente, sin desviaciones ni distracciones, solo así ese foco puede alumbrar el camino hacia el éxito y convertirnos en aquello que deseamos ser.

"Haz sólo lo que amas y serás feliz.
El que hace lo que ama, está benditamente condenado al éxito
Facundo Cabral

6º APRENDIZAJE: TUS VALORES NO TE HACEN COMPETITIVO, PERO TE AYUDAN

*"Es más fácil luchar por unos principios,
que vivir de acuerdo con ellos"*
Alfred Adler (Psicoterapeuta)

Uno de los grandes aprendizajes de esta historia se encuentra en el origen del sueño de Arquímedes, quien siendo hijo de un hombre de valores sólidos, capaz de transmitirlos a su hijo, estimuló en este el deseo de hacer algo para apoyar a su padre y hacerlo crecer. Es decir, fueron los valores una especie de materia prima para conformar y orientar ese gran sueño.

En mi libro *De la Necesidad al Deseo*[8] definimos **Valor** como "un elemento, que proviene de nuestras necesidades, capaz de darle importancia y significado a nuestra vida", decimos además que "es necesario que cada ser humano decida lo que sus propios valores son, su propia misión, su propia filosofía, sin atarse a su historia personal, sino más bien en función de su potencial, esto implica, ejercer su liderazgo y administrar su propia vida".

Los valores de una empresa son sus pilares fundamentales. Con ellos se define a sí misma, porque sus valores son a la vez los valores de sus miembros y en especial los de sus líderes.

Como podemos ver en la vida diaria, los valores no son los elementos que hacen a una empresa competitiva, pero su práctica diaria les permite a sus miembros tomar mejores decisiones y hacer generalmente las cosas correctas. Si observamos los países donde se practican valores como la honestidad, la responsabilidad y la tolerancia, por ejemplo, y los comparamos con los países donde estos valores no se practican de la misma manera, notaremos que en los primeros los procesos de trabajo son más sencillos y menos engorrosos que en los segundos.

En un país donde campea la corrupción, por ejemplo, las leyes se utilizan como una camisa de fuerza para tratar de desestimular dicho flagelo, pero esos procedimientos le complican la vida a sus ciudadanos y sus empresas, que al participar en procesos donde compiten con empresas de países que sí practican esos valores, están en desventaja. Las empresas que no necesitan estar "cuidándose las espaldas" frente a posibles problemas de honestidad, responsabilidad, corrupción, justicia, etc., son empresas que necesitan menor cantidad de personal y sus procedimientos son generalmente más sencillos. En cambio, las empresas que sufren de esos problemas necesitan tener más supervisores, auditores, duplicidad de funciones, etc., como una manera de contrarrestar los problemas generados por la falta de valores, pero al final esos controles terminan creando alcabalas generadoras de más corrupción, la cual solo pasa de las manos de los ejecutores a las de los controladores.

Los valores nos permiten saber cuáles son los límites de lo que es aceptable o no en nuestro negocio y son la base fundamental para soportar los principios rectores de una organización.

Es verdad que el solo hecho de tener unos valores sólidos no garantiza la competitividad empresarial, pero también es verdad que ellos son un seguro para mantenerla y dan señales claras a nuestros clientes de cuáles serán nuestras respuestas frente a los problemas que los pueden afectar en un momento dado. Si vemos la historia de las empresas que frente a una dificultad han tenido respuestas claras y contundentes basadas en sus valores y han logrado seguir adelante, podemos observar que las mismas gozan de un altísimo prestigio entre sus clientes y en la comunidad empresarial.

En el mes de octubre del año 1982, el gigante multinacional Johnson & Johnson, tuvo que tomar la decisión de retirar su producto estrella Tylenol Strength del mercado, por un problema que no fue causado por ellos, pero que afectaba la seguridad de sus clientes. Esa decisión les costó más de 100 millones de dólares y puso en peligro su credibilidad, pero sus valores les permitieron salir adelante. No fue así en el caso Ford-Firestone, donde la no aplicación de valores, perjudicó a una enorme cantidad de personas que perdieron familiares en accidentes, lo que manchó la reputación de ambas empresas y creo en el público una sensación de desconfianza hacia ellos.

Es importante comprender que cuando se practican valores en una empresa, se la puede organizar de una manera más sencilla; ello también permite orientar la visión estratégica del negocio y aumentar el compromiso personal de los trabajadores. Los valores además son una herramienta para realizar los cambios organizacionales, que permitan convertir la estrategia empresarial en realidad y fortalecer el pensamiento estratégico del liderazgo además de promover el aprendizaje continuo. Joel Barker en su película *El Poder de una Visión*[6], dice que los valores señalan la rectitud del camino que conduce a la visión.

No se puede enseñar valores, se debe vivir en valores. Una vez que se tengan claros cuáles son los valores, defínalos con claridad para que todos los entiendan y establezca la manera de comportarse en base a ellos en su organización.

El arquero excelente se apropia de los valores, los hace suyos y además los hace operativos, logrando que quienes lo siguen y comparten responsabilidades con él, los pongan en práctica y tomen sus decisiones cotidianas basados en ellos, sin necesidad de mayores instrucciones, contribuyendo de esta manera en el logro de la visión compartida. Los valores lo ayudarán a vivir mejor su realidad.

El virtuosismo de Arcadio, transmitido a su hijo Arquímedes forjó el germen del gran éxito mostrado en esta historia y ese es un excelente punto de partida.

"Felicidad es ese estado de conciencia
que procede del logro de los propios valores"
Ayn Rand

7º APRENDIZAJE: DESARROLLA LAS FORTALEZAS QUE REQUIERA TU VISIÓN

"Llevar a la práctica las ideas de uno requiere un esfuerzo, pero mucha gente lo hace"
Agustín Tosco (Dirigente sindical argentino)

No hay peor sabotaje que el autosabotaje. Si, aunque suene ridículo, en muchas oportunidades nos saboteamos inconscientemente y por ello no logramos nuestros objetivos y metas.

Cada vez que decimos que queremos hacer algo y no comenzamos a actuar "como si quisiéramos lograrlo", nos estamos autosaboteando. En una oportunidad tuve una alumna estudiante de la carrera de Informática, a la que le pregunté: "¿qué quieres ser en el futuro?" y su respuesta fue: "Egiptóloga". Por supuesto que la respuesta me dejó boquiabierto y por eso repregunté: "¿y qué estás haciendo al respecto?", "nada", me respondió; de nuevo le pregunté: "¿y por qué no estás haciendo algo al respecto?", "¡porque Egipto queda muy lejos!"

Muchas veces no sabemos qué hacer cuando se desea obtener algo y no hacemos nada para averiguarlo.

Una de las claves del éxito de las personas que logran obtener beneficios de su visión, es la creatividad. Conocí el caso de una enfermera que siempre deseó ayudar en las misiones humanitarias de la ONU. Eso parecía lejano para una enfermera recién graduada que vivía en un pueblo lejano del llano venezolano. Sin embargo, con su mira puesta en la visión de participar en alguna misión humanitaria de la ONU, siempre estuvo pendiente de estudiar distintas maneras de participar en ellas y de conocer las diferentes misiones de ayuda que venían de otros países.

En algunas oportunidades visitó nuestro país una ONG llamada Operación Sonrisa, que opera a niños con labio leporino y paladar hendido. Es así que nuestra amiga aprovechó una de las visitas de esa misión y se puso en contacto con el personal médico de la misma, solicitando una oportunidad para participar en dichos programas. Cuando realizó las entrevistas con los encargados de la misión, estos quedaron impresionados con el conocimiento que esta persona tenía del trabajo que ellos y otras ONG similares realizaban y con la vocación de servicio que demostraba en cada palabra que pronunciaba. Se notaba que se había preparado cuidadosamente para no fallar en la prueba y además se ofreció de voluntaria para trabajar en programas humanitarios en el África. Ante este ofrecimiento, casi inmediatamente logró que la remitieran a una misión a Centroamérica con una ONG humanitaria y apenas dos años después de habérselo propuesto, ya estaba cumpliendo con una importante parte de esa visión que se había establecido. Cinco años después de esto, ya estaba destacada por la ONU en una misión humanitaria de la World Health Organization, para trabajar en un caso de epidemia de cólera en Zimbabue, haciendo lo que siempre deseó realizar.

Es importante destacar que cada vez que nos proponemos algo, debemos comenzar a trabajar en ello de manera inmediata, pues como me dijo un amigo una vez, si quieres ser jinete deben gustarte los caballos, si quieres ser carpintero debe gustarte la madera, si quieres ser pintor debes aprender acerca de los colores y si quieres ser un líder debes aprender a tratar a la gente. No podemos hacer como la joven que deseaba ser egiptóloga, pero nunca se le ocurrió lo importante que era conocer acerca del país, su historia, sus costumbres, su cultura, su ubicación y en función de ello comenzar a construir las oportunidades que le permitieran llegar al lugar deseado.

El arquero de nuestra historia, inició su camino lanzando sus flechas al aire y viendo las dificultades, y en vez de sentirse frustrado, lo que hizo fue reconocer sus debilidades para fortalecerlas, ayudar a desarrollar mejores arcos y aprender de este proceso, igual con las flechas y con las cuerdas de los arcos, aprendió técnicas de manejo del arco y se destacó en todas y cada una de dichas actividades. Solo así desarrolló su leyenda como arquero y motivo a otros a seguirlo de manera incondicional. Arquímedes no se autosaboteó, sino que desarrolló todo aquello que estuvo a su alcance para el logro de su visión.

El ejemplo de Arquímedes muestra la importancia de no desanimarse frente a las dificultades, ya que mientras más grande es el reto, más desarrollo y aprendizaje se requiere y se genera. Las dificultades deben ser, no una excusa para no hacer las cosas, sino un incentivo para seguir probando lo que significa transitar por el camino deseado.

Cuando Alicia (*Alicia en el País de las Maravillas*[9] de Lewis Carrol) se encuentra al gato de Cheshire, en un lugar lleno de puertas, desarrolla una extraña conversación con él:

- Minino de Cheshire: "¿Podrías decirme por favor que camino debo seguir para salir de aquí?" - pregunta Alicia con timidez.

- "Eso depende en gran parte del sitio al que quieras llegar" - dijo el gato.

- "No me importa mucho el sitio" - dijo Alicia.

- "Entonces tampoco importa mucho el camino que tomes" – le dijo el gato.

Imagine usted a Alicia abriendo puertas y encontrando dificultades en cada una de ellas. ¿Qué pasaría si al abrir una puerta aparece un Dragón que le lanza una bocanada de fuego?, seguramente la cerraría horrorizada. Si luego abre otra puerta y aparece un inmenso nido de víboras que la ataca de forma virulenta y posteriormente en otra puerta surgen unos enanos siniestros con unos tridentes amenazándola con pincharla si se atreve a pasar y así sucesivamente, podría pasarse la vida abriendo puertas y volviéndolas a cerrar como consecuencia de las dificultades encontradas y nunca llegaría a ninguna parte.

Sin embargo, cuando se tiene plena claridad acerca de la visión y uno se prepara para recorrer el camino, consigue muchos elementos para desarrollar estrategias que permitan vencer las dificultades. Si hay que enfrentar al Dragón seguramente escogeremos un buen extintor para apagar su aliento de fuego, si hay que enfrentar a las víboras, estaremos armados con las herramientas para enfrentarlas y con los sueros antiofídicos necesarios para utilizarlos en caso de ser necesario. Si se trata de enfrentar a enanos siniestros, estaremos equipados con una armadura a prueba de pinchazos que nos permita pasar por encima de ellos y así sucesivamente.

La necesidad de prepararnos para cumplir con la visión que nos proponemos es un aspecto fundamental a considerar para iniciarnos en el camino de lograr nuestros fines. No podemos dejar que sea el azar el que determine el éxito o el fracaso de las cosas que deseamos. Solo con la firme voluntad de lograrlo y el equipamiento que se requiere para lograr nuestros objetivos y metas, podremos avanzar de manera firme hacia ellos.

El verdadero arquero no rehúye las dificultades, sino se prepara para enfrentarlas. Mientras más complicado surge el panorama, tanto más creativo se vuelve, al fin y al cabo, lo que está en juego es su futuro y el logro de sus sueños más deseados. El arquero excelente ve una oportunidad en cada dificultad y un aliciente para ser más y más creativo. Al final por supuesto, descubre que su camino es más divertido y que le genera mayores satisfacciones.

Lo más importante de todo esto es que no debemos olvidar que para poder lograr nuestra visión debemos comenzar a comportarnos "como si" la fuéramos a lograr, de lo contrario estaremos rindiéndonos antes de iniciar la batalla y de esta manera estaríamos renunciando inequívocamente a realizar nuestros sueños.

Todos los que actuamos bajo la poderosa influencia de una visión inspiradora, tenemos el poder de lograr cosas que, en general, van más allá de los objetivos propuestos.

"Pueden, porque creen que pueden"
Virgilio

8º APRENDIZAJE: CONSIGUE GENTE QUE TE ACOMPAÑE EN TU CAMINO

"Se ha alcanzado la excelencia como líder, cuando la gente lo sigue a uno a todas partes, aunque sólo sea por curiosidad"
Collin Powell

Un factor fundamental de éxito para un líder es conseguir gente que lo acompañe en el logro de su visión. Es por ello que hoy en día todos hablan de visión compartida. Pero ¿cómo se hace para encontrar esos compañeros de viaje, capaces de compartir una visión con nosotros?

Lo primero es que para que haya gente dispuesta a seguirnos y acompañarnos, se requiere que esa visión los incluya, haciéndoles sentir que ellos también van a ganar algo con su logro. Solo de esa manera se puede lograr el efecto de alineación (poner en línea con), en el cual cada participante del equipo, encuentra que sus objetivos personales y la visión compartida están en línea con sus deseos y anhelos personales. Para que eso suceda, es necesario que esa visión sea un gran reto capaz de producir entusiasmo y energía para su logro. Recuerde que la palabra entusiasmo significa según una de las acepciones del *DRAE*[(10)]: "Exaltación y fogosidad del ánimo, excitado por algo que lo admire o cautive" y su raíz etimológica proviene del griego *En Theos*, que significa llevar un Dios dentro. Un líder que busca obtener compañía en el logro de su visión, a través de su conversión en una visión compartida, debe ser, por encima de todo, un gran entusiasta, pues es a partir de ello que se logrará el interés y admiración de otras personas.

En el ejemplo de nuestro arquero, Arquímedes era un gran entusiasta, capaz de hacer que quienes en un principio se burlaban de él, terminaran acompañándolo en su "loca" visión de flechar la luna. Arquímedes convirtió a toda su generación en una generación de maestros del arco, a partir del entusiasmo que ponía cada noche tratando de alcanzar la luna con sus flechas. Cuando uno practica una disciplina con pasión, siempre termina levantando la admiración de otras personas, que terminan convirtiéndose en seguidores, fanáticos o compañeros de camino.

El segundo elemento que se requiere para encontrar compañeros de viaje que compartan la visión, es que estos sientan que con esa visión no solo se favorecen ellos, sino que a la larga se favorecen todos los que los rodean. Es decir, la visión debe tener un profundo alcance social, aun cuando se inicie en un ámbito totalmente personal (la idea del arquero de lanzar una flecha a la luna). Arquímedes logró convencer a sus compañeros de lo importante que sería poder explorar la luna, viajando a través de una cuerda amarrada a la flecha lanzada, pudiendo de esta manera conocer a sus habitantes. Es por ello que decimos que una visión debe ser inspiradora para la comunidad que la comparte y útil para las comunidades que la rodean.

Un tercer aspecto que nos ayuda a conseguir seguidores y apoyo en la visión es el de hacerle sentir a todos los acompañantes, la responsabilidad que cada uno de ellos tiene en el logro de los objetivos que surgen de ella. Cuando Arquímedes le hacía observaciones a su padre acerca de los arcos, las cuerdas y las flechas, lo hacía partícipe de su proyecto y lo responsabilizaba por la mejora de esos instrumentos indispensables para lograr los objetivos. Arcadio, que siguió el juego de Arquímedes al principio, pronto se dio cuenta del poder que tenía esa revisión continua de sus arcos, cuerdas y flechas.

Ahora bien, si analizamos el asunto en detalle, nos damos cuenta que Arcadio (el padre de Arquímedes), se favoreció ampliamente con los resultados, ya que su nivel competitivo se incrementó significativamente a partir de los requerimientos del arquero y sus seguidores, quienes con sus constante búsqueda de unos metros más de alcance de sus arcos y flechas, lograron que Arcadio se convirtiera en un gran maestro de la fabricación de estos instrumentos. Al final, Arcadio se hizo inmensamente rico, pues sus arcos comenzaron a venderse en todas las latitudes debido a la fama que desarrolló como fabricante y su familia, Arquímedes incluido, se convirtió en una de las familias más importantes del reino.

Igualmente los seguidores y compañeros de Arquímedes se hicieron responsables por estar al nivel impuesto por él y eso los convirtió en unos excelentes y fuertes guerreros, pues la exigencia de lanzar las flechas cada día más lejos los obligaba a tener un régimen de trabajo muy fuerte que los ayudó a desarrollar una gran fortaleza física, una gran puntería en el uso del arco y una disciplina a toda prueba. Eso por supuesto se convirtió en un gran beneficio para cada uno de ellos, ya que lograron la admiración y el apoyo tanto de su propia familia, como de la comunidad circundante, que veía a esos jóvenes como un verdadero ejemplo para las siguientes generaciones.

Finalmente es importante acotar que es necesario que quienes le sigan o acompañen en el logro de una visión compartida, tengan también unos principios y valores que sean compartidos con usted. De nada sirve tener gente acompañando un proyecto o propuesta, si en el fondo posee aviesas intenciones. Debe haber mucho más que compartir una visión, debe haber integridad en la manera de lograr lo que se propone. El logro de una visión jamás debe estar basado en la destrucción o el mal de otros. Incluso en el ámbito empresarial, la visión de una organización, nunca debe estar centrada en la destrucción de la competencia.

La competencia per se tiene un objetivo y es el de hacer que siempre se esté buscando hacer las cosas mejor cada vez. Si la competencia no es capaz de sobrevivir frente al logro de nuestros objetivos, eso es un problema de la competencia y no un objetivo que uno quiera lograr. La competencia no es un enemigo a destruir, sino un reto que hay que superar cada día y que obliga a ser siempre mejor cada vez.

Si usted desea lograr su visión entonces busque primero quiénes son sus compañeros naturales, que en una organización son los trabajadores, los accionistas, los proveedores y las comunidades que los rodean. Es de allí de donde deben salir esos deseados compañeros de viaje, pero para poder sumarlos a su causa, es necesario desarrollar unas excelentes cualidades de liderazgo, que le permitan influir en otros para convertirlos en esos compañeros inseparables que tanto va a necesitar si desea avanzar por el camino de esa visión.

El arquero desarrolló su liderazgo a partir de su gran deseo y convenció a muchos de acompañarlo. Ese es el reto del liderazgo en el logro de la visión.

"No dejes apagar el entusiasmo, virtud tan valiosa como necesaria; trabaja, aspira, tiende siempre hacia la altura"
Rubén Darío

9° APRENDIZAJE: SE CADA VEZ MÁS EXIGENTE CONTIGO Y CON LOS QUE TE RODEAN

"El verdadero blanco que el arquero debe apuntar es su corazón"
Máxima del Kyudo

Al inicio de este capítulo queremos dejar en claro que utilizaremos la palabra *exigente* en el sentido de *riguroso* y no en el sentido literal del *"que exige caprichosa o despóticamente"* según el diccionario de la *Real Academia Española*[10].

Pero, ¿por qué ser exigente con uno mismo y con quienes nos rodean?, ¿qué pasaría si no lo fuéramos? Quiero ilustrar la respuesta a estas interrogantes con una cita del cuento La Mariposa[11] de Jorge Bucay:

"Mi mamá era hija de una pareja de campesinos de Entre Ríos. Nació y creció en el campo entre animales, pájaros y flores. Ella nos contó que una mañana, mientras paseaba por el bosque recogiendo ramas caídas para encender el fuego del horno vio un capullo de gusano colgando de un tallo quebrado.

Pensó que sería más seguro para la pobre larva llevarla a la casa y adoptarla a su cuidado. Al llegar, la puso bajo una lámpara para que le diera calor y la arrimó a una ventana para que el aire no le faltara.

Durante las siguientes horas mi madre permaneció al lado de su protegida esperando el gran momento. Después de una larga espera, que no terminó hasta la mañana siguiente, la jovencita vio cómo el capullo se rasgaba y una patita pequeña y velluda asomaba desde dentro.

Todo era mágico y mi mamá nos contaba que tenía la sensación de estar presenciando un milagro. Pero, de repente, el milagro pareció volverse tragedia.

La pequeña mariposa parecía no tener fuerza suficiente para romper el tejido de su cápsula. Por más que hacía fuerza no conseguía salir por la pequeña perforación de su casita efímera.

Mi madre no podía quedarse sin hacer nada. Corrió hasta el cuarto de las herramientas y regresó con un par de pinzas delicadas y una tijera larga, fina y afilada que mi abuela usaba en el bordado.

Con mucho cuidado de no tocar al insecto, fue cortando una ventana en el capullo para permitir que la mariposa saliera de su encierro. Después de unos minutos de angustia, la pobre mariposa consiguió dejar atrás su cárcel y caminó a los tumbos hacia la luz de la ventana.

Cuenta mi madre que, llena de emoción, abrió la ventana para despedir a la recién llegada, en su vuelo inaugural.

Sin embargo, la mariposa no salió volando, ni siquiera cuando la punta de las pinzas la rozó suavemente.

Pensó que estaba asustada por su presencia y la dejó junto a la ventana abierta, segura de que no la encontraría al regresar.

Después de jugar toda la tarde, mi madre volvió a su cuarto y encontró junto a la ventana a su mariposa inmóvil, las alitas pegadas al cuerpo, las patitas tiesas hacia el techo.

Mi mamá siempre nos contaba con qué angustia fue a llevar el insecto a su padre, a contarle todo lo sucedido y a preguntarle qué más debía haber hecho para ayudarla mejor.

Mi abuelo, que parece que era uno de esos sabios casi analfabetos que andan por el mundo, le acarició la cabeza y le dijo que no había nada más que debiera haber hecho, que en realidad la buena ayuda hubiera sido hacer menos y no más.

Las mariposas necesitan de ese terrible esfuerzo que les significa romper su prisión para poder vivir, porque durante esos instantes, explicó mi abuelo, el corazón late con muchísima fuerza y la presión que se genera en su primitivo árbol circulatorio inyecta la sangre en las alas, que así se expanden y la capacitan para volar. La mariposa que fue ayudada a salir de su caparazón nunca pudo expandir sus alas, porque mi mamá no la había dejado luchar por su vida.

Mi mamá siempre nos decía que muchas veces le hubiese gustado aliviarnos el camino, pero recordaba a su mariposa y prefería dejarnos inyectar nuestras alas con la fuerza de nuestro propio corazón".

A veces tenemos la tentación de querer facilitarle el camino a quienes nos siguen o a quienes en algún momento dependen de nosotros, pero eso solo consigue impedir que desarrollen sus propias alas con la fuerza necesaria para volar por sí mismos. Ser exigente, significa hacer que los demás enfrenten sus retos y sus miedos, para hacerse fuerte frente a ellos. El arquero en su deseo de construir su equipo de seguidores, permitió que estos crecieran y se desarrollaran fuertes, pues así lo hizo su padre con él y él aplicó la lección que le dio su padre.

Los padres protectores solo consiguen formar hijos débiles de carácter y sin herramientas para enfrentar la vida por sí mismos. Eso los vuelve dependientes y poco orientados a tomar decisiones que les permitan vivir su vida de manera plena. Un niño debe desarrollar su propia autonomía de manera responsable y así aprender a valorar al esfuerzo realizado y aprender a tolerar las frustraciones y los fracasos desde muy pequeños. Mientras más aprendan a manejar el fracaso y a luchar por conseguir sus sueños, más difícil será que desistan de su empeño en lograrlos.

Las dificultades fortalecen, por lo que quienes tenemos responsabilidad de formar y educar a otros, debemos ser exigentes, a fin de despertar ese fuego interior que todos poseemos, pero que muchas veces está minimizado por una vida fácil y de complacencia. No se trata de aprender a vivir sin miedo, sino de aprender a utilizarlo como mecanismo estimulante para nuestra energía creativa. No dañes a otros complaciéndolos en todo lo que deseen, es preferible colocarle retos que los desplacen de su zona de confort y los hagan enfrentarse a las dificultades que tiene la vida.

Nadie se hace perseverante desde la comodidad, nadie crece lo suficiente cuando todo le sale bien. Todos necesitamos una dosis de fracaso en nuestra vida, para poder tener un sano crecimiento personal y espiritual. El águila, cuando ve que sus polluelos ya están maduros, le quita la protección al nido (plumas y pieles) y lo deja en las espinas con las que se construyó, para que los polluelos se sientan incómodos y entiendan que deben abandonarlo muy pronto, luego ambos padres toman a uno de los polluelos en su espalda y lo llevan a las alturas, dejándolo caer y recogiéndolo varias veces, hasta que entiende que debe volar o morir. Esas son las grandes lecciones que nos da la naturaleza, que a veces desconocemos o no practicamos.

La majestuosidad del águila proviene de esa fuerza interior que desarrolla durante su crecimiento y que le permite volar y hacerse dueña de las grandes alturas. Solo la exigencia de sus padres le permite llegar hasta ellas y convertirse en lo que es.

Hay muchos ejemplos de personas a las que el fracaso generó retos y exigencias con las que transformaron sus vidas. Uno de ellos fue Steve Jobs, fundador y posteriormente CEO de Apple, quien en 2005, en una ceremonia de graduación en la Universidad de Stanford, dio un discurso que en su momento fue fuente de inspiración de numerosos líderes a nivel mundial. Citamos textualmente[12] parte de dicho discurso:

"Woz y yo creamos Apple en la cochera de mis padres, cuando tenía 20 años. Trabajamos mucho y en diez años alcanzó los 4,000 empleados y fue valuada en dos mil millones de dólares. Un año después de haber lanzado nuestra mejor creación (la Macintosh) fui despedido. ¿Cómo te pueden echar de la empresa que tú has creado? Realmente no supe qué hacer durante algunos meses. Fue un fracaso muy notorio, e incluso pensé en huir de Silicon Valley. Pero algo comenzó a abrirse paso en mí, aún amaba lo que hacía. Había sido rechazado, pero aún estaba enamorado, así que decidí comenzar de nuevo. No lo vi así entonces, pero resultó ser que el que me echaran de Apple fue lo mejor que jamás me pudo haber pasado. Había cambiado el peso del éxito por la ligereza de ser de nuevo un principiante. Me liberó para entrar en uno de los periodos más creativos de mi vida".

Jobs, después de esta dolorosa experiencia, quedó totalmente convencido de que no habría alcanzado sus éxitos posteriores, de no haber sido por ese fracaso ya mencionado. Para Steve Jobs un fracaso debía siempre convertirse en un escalón hacia el éxito.

Las personas que son exigentes, aceptan y estimulan a otros a aceptar y manejar adecuadamente sus fracasos. Para ello se debe primero, comprender el contexto del fracaso reflexionando profundamente sobre él, segundo, aceptar los errores cometidos y perdonarse por haberlo hecho, tercero, aprender de cada uno de sus fracasos sin buscar culpables externos y finalmente disfrutar de sus fracasos y comprender que ellos solo permiten abrir un camino para los éxitos futuros.

Uno de los cuidados que debemos tener cuando nos exigimos a nosotros mismos o exigimos a otros es el de no convertir la exigencia en una búsqueda inútil de perfeccionismo. Esto quiere decir que la exigencia tiene sus límites bien definidos y no debemos forzarlos buscando la perfección, pues el perfeccionismo es obsesivo y solo termina generando frustración, insatisfacción y sentimientos negativos.

Muchas personas catalogadas como exigentes, a menudo son más bien personas intransigentes tanto con los demás como con ellos mismos. La exigencia de la perfección es más una enfermedad, que una acción positiva y normal. El perfeccionista vive en la angustia y la ansiedad y su permanente insatisfacción los vuelve personas infelices.

El ser una persona exigente no tiene por qué convertirlo en una persona obsesiva ni negativa. No se puede esperar que las demás personas sean como uno, por lo que se debe respetar el ritmo propio de cada quien, ya que cada individuo posee diferentes capacidades, aspiraciones y expectativas.

La exigencia debe tener límites y hay que saber manejarla de manera adecuada. La exigencia puede ayudar a alcanzar metas o conseguir retos, pero es necesario ser consciente de que, aunque se ponga todo el empeño posible en hacer las cosas, no siempre se pueden obtener los resultados esperados. Es necesario entender que ni la vida es perfecta, ni las personas lo somos, gracias a Dios.

La exigencia de nuestro arquero Arquímedes obligó a su padre a mejorar cada más vez sus arcos y flechas y eso, finalmente, lo catapultó hacia la cúspide como fabricante de armas. Sin ese esfuerzo permanente por satisfacer los requerimientos de su hijo, Arcadio jamás habría llegado a ser el mejor fabricante de arcos y flechas de su región, ni habría llegado a ser un hombre inmensamente rico. Además la exigencia del arquero lo llevó a construir el mejor ejército de la región y a ser sumamente respetados por toda su comunidad.

El arquero excelente es siempre exigente consigo mismo y con quienes le acompañan, pero al poner la exigencia en su justa medida, sin obsesionarse, no permite que ella se convierta en una traba para el logro de su propia felicidad y la de los suyos. El arquero vive en permanente equilibrio y hace de éste una de sus mejores virtudes como ser humano.

"Si encomiendas a un hombre más de lo que puede hacer lo hará. Si solamente le encomiendas lo que puede hacer, no hará nada"
Rudyard Kipling

10º APRENDIZAJE: EL QUE PERSEVERA LOGRA

*"Perseverante es aquel, que en cada intento fallido
consigue el estímulo y la fuerza interior necesaria,
para pensar que la próxima vez lo logrará"*
El Autor

Lo primero que debemos hacer es definir la perseverancia, a tal fin diremos que *la perseverancia es la capacidad de una persona para seguir adelante en la búsqueda de sus objetivos, a pesar de todos los obstáculos que se le presenten.*

El diccionario *de la Real Academia Española*[10] define **perseverar** como: (*del lat. perseverāre*).

1. Intr. Mantenerse constante en la prosecución de lo comenzado, en una actitud o en una opinión.

2. Intr. Durar permanentemente o por largo tiempo.

Normalmente, y de acuerdo con nuestra propia definición, las personas perseverantes generalmente concluyen aquello que han comenzado, pues, tras un fracaso inicial, continúan intentándolo, persiguiendo con constancia sus objetivos, manteniéndose enfocados en sus actividades y tareas.

Las personas perseverantes se distinguen de aquellas que se rinden demasiado pronto y de aquellas que ni siquiera lo intentan, porque solo buscan lo fácil y viven la vida tomando atajos siempre que pueden, perdiendo fácilmente el foco y frente a la más mínima dificultad consiguen la excusa perfecta para abandonar sus propósitos.

Nuestro arquero demostró una enorme perseverancia, cuando fue capaz de hacer caso omiso de todos los que se burlaban de él y lo llamaban loco por querer flechar a la luna. Pocas personas se percataron, entre ellas su padre Arcadio, que más que un objetivo, flechar a la luna se había convertido en una visión inspiradora, compartida por muchas personas, capaz de plantear un conjunto de objetivos concretos que permitieran mantener el foco de Arquímedes en aspectos completamente realizables.

En términos generales, mantenernos persistentes después de haber fallado en nuestros intentos por lograr algo, es sumamente difícil. Esto sucede porque la sola idea de haber "fracasado en algo", produce en nosotros una desagradable sensación que nos motiva a abandonar nuestros objetivos y desentendernos de ellos. La persistencia requiere vencer la tendencia normal de abandonar, que se produce por la sensación de haber fracasado.

Pero, ¿por qué nuestro arquero pudo llegar a ser una persona tan perseverante?

Podemos observar que existen ciertos elementos del comportamiento de nuestro arquero que son comunes al de las personas que se destacan por su perseverancia, veamos a continuación estos aspectos detalladamente.

En primer lugar, el arquero se comportó en forma optimista. Las personas optimistas siempre esperan tener éxito en lo que se plantean y no piensan en la posibilidad de fracasar.

En segundo lugar, el arquero asumió el reto de prepararse continuamente para lograr sus objetivos. Cuando las personas se sienten bien capacitadas para hacer lo que se proponen, pueden perseverar pues saben que al final podrán obtener el éxito.

En tercer término, el arquero estaba totalmente convencido de que podía mantener el control sobre los resultados a obtener, tal como lo hacen normalmente las personas perseverantes.

El cuarto aspecto es que la autoestima del arquero siempre se mantuvo alta, gracias a la excelente relación que mantuvo con su padre que permanentemente lo alentó a seguir adelante en sus aspiraciones. Esto además generó en él una gran capacidad de autocontrol, que lo ayudo a mantenerse enfocado, lo que es fundamental para ser perseverante.

Finalmente nuestro arquero eligió su objetivo, convertido posteriormente en visión, de manera totalmente voluntaria y por ello la consideró importante y fundamental para su vida. Las personas que escogen bien sus objetivos, generalmente se sienten fuertemente motivados en su logro, además que sienten que todas las actividades y tareas a realizar son interesantes y agradables (hacer el trabajo es un placer). Para el arquero, flechar a la luna comenzó como un juego, que se convirtió posteriormente en una visión inspiradora y al final terminó convirtiéndose en su forma de vida (Rey consorte, General de los Ejércitos y el hombre más fuerte y respetado del Reino de Anguristán, hijo de uno de los hombres más ricos del reino).

Es importante señalar que, a pesar de todo lo que hemos dicho, la perseverancia, puede llegar a tener algunos aspectos negativos. Si bien el ser poco perseverantes generalmente es perjudicial en nuestra vida, el ser "extremadamente perseverantes" puede llegar a ser negativo. A este "exceso de perseverancia" es a lo que llamamos "tozudez". La tozudez es obstinación o testarudez. Nos volvemos tozudos o testarudos cuando seguimos intentando hacer cosas que ya dejaron de tener sentido.

Es necesario, no solo saber cuándo perseverar, sino también comprender hasta qué punto seguir insistiendo y entender que hay un punto en el que lo mejor es abandonar y centrar nuestro esfuerzo en hacer algo diferente.

Cuando insistimos en alcanzar objetivos irreales, inútiles, frustrantes o incapaces de generar algún tipo de bienestar, solo terminamos haciendo un gasto enorme de energía que genera frustración. La perseverancia cobra sentido cuando observamos que hay alguna posibilidad cierta de éxito, o cuando estamos obteniendo algunos resultados previstos o no, capaces de generar cambios o transformaciones importantes en nuestra vida y en la vida de otras personas.

Si bien el *flechar la luna*, visto como un objetivo, es algo irreal e inalcanzable, cuando trasciende y se convierte en visión inspiradora, comienza a generar objetivos que sí son transformadores.

Llegar a ser el hombre más fuerte del reino, ser el mejor arquero, lograr la mejora significativa de los arcos, las flechas y las cuerdas, que convirtieron a su padre no solo en el mejor fabricante de arcos del reino, sino además en uno de los hombres más ricos, el desarrollo de un equipo de jóvenes que terminaron convirtiéndose en un poderoso ejército y el terminar finalmente dirigiendo los destinos del reino, fueron logros que sin proponérselo de manera explícita, enriquecieron la vida de todas las personas involucradas en la historia y salvaron a su comunidad de ser víctimas de la barbarie invasora.

La persistencia resulta útil cuando se utiliza con buen juicio y cuando el camino seguido ofrece jugosos resultados sean estos previstos o no. Es necesario poder evaluar, de manera apropiada, si actuar de manera persistente llevará de alguna manera al éxito a pesar de haber obtenido resultados no favorables muchas veces.

El fracaso solo existe cuando desistimos de nuestros propósitos. Mientras sigamos intentando solo podemos hablar de resultados no deseados y no de fracaso, pero si algún resultado obtenido inesperadamente llegare a ser deseable aun cuando no haya sido deseado desde el principio, estamos en presencia de un factor motivador de primer orden para continuar practicando la persistencia. Esto no significa que no tengamos control de la situación, sino que probablemente no hemos estado lo suficientemente atentos a los sucesos de la dinámica sistémica en la que estamos involucrados.

Una visión infinita debe permitirnos trazar un mapa de caminos capaz de permitirnos medir si los resultados alcanzados pueden ser favorables o no. Cuando no podemos obtener ningún resultado favorable de nuestro esfuerzo, es porque ha llegado el momento de abandonar. Una de las claves fundamentales del éxito de un buen arquero, no es tanto la perseverancia en sí misma, sino la capacidad de saber cuándo debe perseverar y cuando tiene que desistir. Para ello debemos valorar el fracaso como un potenciador del aprendizaje. Aprendemos más cuando fracasamos que cuando obtenemos éxito. Sin unos cuantos fracasos en nuestra vida solo se vive en un clima artificial de logros que no permite comprender que cuando no se logran los objetivos, solo hay que evaluar, aprender y seguir adelante, convirtiendo cada resultado negativo en el aliado de un mejor futuro.

El arquero excelente es perseverante, porque es capaz de distinguir los objetivos ordinarios de lo que es una visión inspiradora y comprender la dinámica que lo puede llevar a objetivos que van más allá de su propuesta y son capaces de generarle valor tanto a él como a quienes le rodean. El buen arquero no considera la imposibilidad como una barrera para la perseverancia, ya que mientras él sea capaz de convertirla en una visión inspiradora, puede llegar a utilizarla como herramienta para que los que lo acompañan en sus ideas, puedan obtener resultados insospechados. Allí radica la trascendencia de los arqueros exitosos y de muchas de las ideas que han contribuido a cambiar la humanidad. La perseverancia de por sí no garantiza el éxito, pero sabemos que es imposible obtener el éxito si no se es perseverante.

"El valor, la buena conducta y la perseverancia
conquistan todas las cosas y obstáculos que quieran
destruirlas y se interpongan en su camino"
Ralph Waldo Emerson

11° APRENDIZAJE: REVISA LAS OPORTUNIDADES DESDE TU VISIÓN

"La vida no es sino una continua sucesión de oportunidades para sobrevivir"
Gabriel García Márquez

Cuando trabajé en la industria petrolera venezolana, tuve la oportunidad de compartir con una persona que trabajaba en el área de planificación de una de las empresas de la corporación, Juan (a quien llamaremos así para los efectos de esta historia) era un hombre bien preparado, pero tenía serios problemas con su jefe y a veces se sentía un poco frustrado por las cosas que le ocurrían en su trabajo.

En una ocasión en que conversábamos me dijo: *"estoy trabajando el preaviso, porque me voy de la empresa, me ofrecieron la oportunidad de comprar una finca en el llano y no lo pensé dos veces y la compré"*. Sorprendido le pregunté: *"Dime algo Juan, ¿y tú conoces algo de la vida en el campo en una finca, porque esa es una vida algo difícil para quién está acostumbrado a vivir con las comodidades de la ciudad?"* *"Yo me adapto"* me contestó mi amigo Juan muy sonriente, y añadió: *"eso es más agradable que lo que estoy haciendo ahora en la empresa"*.

Algunos años después de haber salido yo de la industria petrolera, me volví a conseguir a Juan en un restaurante de la ciudad y le dije: *"Hola Juan, ¿cómo te va?, ¿cómo está la finca?"*. Su respuesta me dejó atónito: *"la vendí hace un par de años"*. *"¿Y eso?"*, le pregunté. *"Me surgió una oportunidad en un importante banco para trabajar en el área de planificación y no lo pensé. Vendí la finca al precio que me dieron y regresé a Caracas para trabajar en lo mío"*, me respondió Juan inmediatamente.

Dos años después, estaba comiendo de nuevo en el mismo restaurant de la vez anterior y me volví a encontrar a mi amigo Juan y le pregunté: *"Hola Juan, ¿cómo te va?, supe lo de la intervención del banco"* (el banco fue intervenido en 1995, cuando la crisis financiera venezolana generada por el Banco Latino), rápidamente Juan me respondió con cierta amargura: *"oye, qué problema, casi voy preso, porque yo era parte de la alta gerencia del banco intervenido. Suerte que no me probaron nada y pude salir del paquete"*. *"Y... ¿qué estás haciendo ahora?"* pregunté. Para mi sorpresa me contestó: *"estoy otra vez en el mismo cargo que tenía antes de irme, en la industria petrolera, me dieron una nueva oportunidad, pero afortunadamente ahora tengo otro jefe"*.

Esta historia ha sido inolvidable para mí, pues la vida de mi amigo Juan resultó ser totalmente circular y la palabra clave que generó dicho círculo fue: *oportunidad*. Cuando no se tiene claro hacia dónde ir, cualquier camino es una *oportunidad,* y eso fue lo que le pasó a mi amigo Juan. Huir de las dificultades, de un jefe latoso o de una actividad poco satisfactoria no son suficientes motivos para "aprovechar" cualquier "oportunidad" que se presente. Es necesario evaluar dichas "oportunidades" desde nuestra visión. El problema surge cuando no se posee una.

Es necesario estar prevenido ante las oportunidades que se nos presentan, pues estas a veces son pruebas que nos pone la vida para saber qué tan consistentes somos con nuestra visión personal. He visto personas que deciden montar un negocio, hacen sus trámites, hacen cursos, se preparan para hacerlo y de repente alguien les ofrece un trabajo fijo y abandonan todos sus proyectos para irse a trabajar con esa persona que le ofreció la "oportunidad" de trabajar. Esas personas que sucumben ante la tentación de las "oportunidades" que le presenta el entorno simplemente no estaban aún preparadas para conectarse con sus sueños, o sus sueños no eran lo suficientemente atractivos como para "dejar pasar" esa oportunidad que se le presentó.

Viví una experiencia personal en 1993, un par de años después de haber salido de la industria petrolera, para vivir mi sueño de trabajar como consultor en mi propia empresa de consultoría gerencial. A mi oficina llegó un fax (en esa época todavía el correo electrónico no era muy popular), donde se me invitaba a participar en un proyecto de consultoría de una empresa norteamericana que debía desarrollar un proceso de intervención en la empresa transnacional Philip Morris en Latinoamérica. El problema es que era una oferta de trabajo y no una solicitud de servicios para mi empresa.

Al contrastar la propuesta con mi visión personal y con la visión compartida que habíamos desarrollado en el equipo de trabajo de nuestra pequeña empresa de consultoría, decidí no participar en el susodicho proyecto, por lo que les escribí una carta explicativa de las razones que me llevaban a no aceptar la oferta. A finales de 1994, recibí una llamada telefónica de la Corporación Philip Morris en Venezuela, donde le ofrecían a mi empresa encargarse del proceso de intervención en su organización en Venezuela. Cuando pregunté qué había pasado con el proyecto de la empresa anterior me dijeron: "el proyecto fracasó, no pudimos lograr que la empresa contratada se conectara y comprendiera la idiosincrasia de cada una de las regiones de Latinoamérica, así que decidimos regionalizar y queremos que el proyecto de Venezuela sea manejado por su empresa consultora".

En enero de 1995 mi empresa firmó un contrato equivalente a unos $ 500.000 con la Corporación Philip Morris y durante poco más de dos años y medio lo ejecutamos satisfactoriamente.

Personalmente creo que esa oferta inicial, solo fue una tentación que me puso la vida, para ver qué tan firme y convencido estaba yo con mi visión personal. Trabajando posteriormente con la Corporación me enteré que yo fui el único consultor que ellos habían preseleccionado en Venezuela, que no aceptó la oferta de trabajo inicial y que les causó una impresión muy favorable la carta que les envié con las razones para rechazarlo, ya que en esa carta les expresaba que una oferta de ese tipo no encajaba dentro de mi visión personal, ni de la visión compartida de mi empresa. Eso me valió la posterior contratación por parte de ellos y confirmó que cuando uno es firme y consecuente con su visión, se abren caminos insospechados para coadyuvar en su logro.

Las leyendas marinas hablaban acerca de los cantos de sirena. Esos cantos de sirena planteaban a los navegantes y marineros unas grandes "oportunidades" aparentemente muy hermosas, que se convertían posteriormente en trampas mortales. En la vida real, también encontramos esos cantos de sirena que resultan trampas mortales para alejarnos de nuestra visión y de nuestros objetivos. Solo teniendo claridad y firmeza en el propósito de una visión, puede uno alejarse de esos agradables cantos que buscan mantenerlo anclado a su zona de comodidad. Recuerde siempre que lo más peligroso que hay para su futuro es sentirse cómodo en su posición actual.

Mantener el *statu quo* es cómodo y muy seguro, pero aleja las verdaderas oportunidades. Toda oportunidad, para que sea verdaderamente valiosa, debe sacarnos de nuestra zona de comodidad y obligarnos a enfrentar retos y desafíos nuevos dentro de un camino que nos acerque a eso que siempre hemos anhelado. Es posible que no nos lleve directamente hacia él, pero puede ubicarnos un poco más cerca. Es como si deseas hacer un viaje terrestre desde Caracas hasta la Patagonia. Posiblemente no consigas un transporte que te lleve directo hasta allá, pero es posible que consigas un bus que te lleve hasta Bogotá y posteriormente otro que te lleve a Lima y así sucesivamente. Cada nuevo reto debe permitirte avanzar en el camino de tus objetivos para que realmente se convierta en una verdadera oportunidad. Nunca se sabe si en alguna parte del camino encontramos algo valioso que nos haga reformular nuestros objetivos y metas, desarrollando unos diferentes a los iniciales, pero capaces de generar en nosotros y nuestros relacionados, grandes satisfacciones personales y profesionales.

A veces nos quedamos esperando inútilmente ese bus que nos lleve directo y sin escalas a nuestro destino y pasan muchos años antes de darnos cuenta que el viaje se puede hacer de una forma diferente. Cada nuevo viaje que iniciemos resultará en nuevos retos y aprendizajes que debemos aprovechar para nuestro crecimiento y desarrollo personal.

El arquero exitoso no desperdicia la posibilidad de avanzar, por querer esperar rutas directas que le permitan llegar sin mucha dificultad, pues generalmente, son muy pocas las veces que estas rutas de ensueño, aparecen en la vida.

Nuestro arquero siempre tuvo la *oportunidad,* de flaquear en su visión de llegar a flechar la luna, cediendo a la presión social que intentaba hacerlo ver como un loco enrumbado hacia el fracaso. Sin embargo su constancia de propósito y su firmeza de carácter lo llevaron por el camino correcto, en el que se mantuvo hasta el fin de sus días y eso le valió tener una vida plena y satisfactoria, llena de retos y triunfos constantes.

El ejemplo de nuestro arquero es el típico ejemplo de la persona que no tuerce su camino para tratar de conseguir lo que no se le ha perdido, en otros caminos diferentes al que él mismo se trazó.

"Los hombres mediocres esperan que las oportunidades lleguen hasta ellos. Los hombres fuertes y alertas buscan sus oportunidades"
Anónimo

12° APRENDIZAJE: LA TURBULENCIA TRAE OPORTUNIDADES

"Aquellos que son tan locos que creen que pueden cambiar el mundo, son quienes realmente lo cambian"
Steve Jobs, Cofundador de Apple

Las aguas agitadas mueven la energía. Hoy en día se están desarrollando, en ciertas regiones del mundo, nuevas tecnologías para la generación de energía que aprovechan la turbulencia de las aguas marinas. En aquellos lugares donde las aguas descansan de manera tranquila, no existe la oportunidad de obtener recursos energéticos suficientes.

En la vida del ser humano pasa lo mismo, la zona de comodidad nos ubica en aguas tranquilas sin potencial energético explotable. Eso nos permite tener una vida plácida, pero con pocos retos, a veces incluso aburrida. Solo sabiendo que existen en el entorno peligros potenciales, conseguiremos el estímulo necesario para explorar nuevas opciones que nos permitan prepararnos para enfrentarlos.

El Reino de Anguristán, generó una verdadera oportunidad para nuestro arquero, cuando se vio enfrentado a la amenaza de las invasiones bárbaras. Hasta ese momento no existían mayores estímulos para preparar alguna posible fuerza de defensa. Una vida tranquila y sin apremios había convertido al reino en un lugar aburrido, donde la gente se dedicaba al chismorreo y a pasar el tiempo sin mayores preocupaciones, pero también sin mayores avances.

La visión de Arquímedes propició, al principio, una coartada perfecta para mantenerse en el camino de la vida aburrida que siempre habían tenido, basada en el chismorreo y la frivolidad, pero su insistencia y firmeza terminaron moviendo los cimientos del reino, haciendo surgir otras preocupaciones que terminaron generando cambios importantes en la dinámica de los jóvenes contemporáneos con nuestro arquero. Sin embargo, no fue hasta que se expresó la amenaza invasora, que se inició ese proceso que cambió por completo al reino, colocándolo en una posición totalmente diferente con respecto a sus vecinos geográficos.

Los cambios turbulentos pueden llegar a generar efectos devastadores en las personas, empresas y sociedades, pues cambian de manera drástica las reglas de juego y las condiciones ambientales (ambiente físico, económico, político, social, etc.) de estas. La turbulencia puede llegar a ser una oportunidad, pero también puede ser una amenaza.

Hoy en día, gracias al efecto globalizador, hemos comenzado a vivir dentro de un entorno que es muy dinámico, en el que existen situaciones permanentes que desafían nuestra zona de confort, generando retos insospechados y cambios difíciles de anticipar. Este hecho, en vez de ser negativo para las organizaciones puede ser saludable, porque las coloca en un estado constante de atención y manejo del cambio. Los cambios turbulentos, cada vez más, dejan de ser ocasionales para convertirse en muy frecuentes.

Es muy diferente actuar en ambientes turbulentos, en los que se generan frecuentes cambios, muchos de ellos adversos y que evolucionan con rapidez, que moverse en ambientes relativamente estables y predecibles. El comportamiento del sistema puede generar efectos desagradables en los resultados obtenidos y esto puede terminar alejándonos de nuestra visión y objetivos.

El autor Philip Kotler, gran gurú del mercadeo moderno, en su libro *Caótica*[13] (Kotler-Caslione, año 2010) dice que estar preparados para reaccionar ante lo inesperado es esencial, esto significa que debemos estar alertas y pendientes, cuando otros prefieren descansar o cerrar los ojos para evadir la realidad. Es necesario observar con mucha atención y gran sensibilidad, a ese mundo caótico y turbulento que nos rodea, sabiendo que ninguna acción que ocurra o que realicemos es de por si totalmente irrelevante.

Pequeños cambios hoy en día pueden generar enormes cambios dentro y fuera de nuestras organizaciones y de nuestras vidas y ese es un hecho que debemos mantener siempre presente en nuestra mente.

Cuando somos capaces de comprender la naturaleza de los cambios que se producen en el entorno y la dinámica que los generó, surgen excelente oportunidades para desarrollar nuevos proyectos capaces de proporcionar enormes beneficios a quienes se apresuren a explotarlos.

En momentos críticos, muchas organizaciones se sienten amenazadas y juegan a reducir su presencia en el mercado, otras despiden a muchos de sus trabajadores más competentes porque no pueden pagarlos, otras reducen sus precios y así sucesivamente. Sin embargo otras empresas hacen cosas diferentes. Algunas contratan a esos empleados competentes que fueron despedidos, tal y como la hacía Thomas Watson Sr.[14] en IBM durante la época de la recesión en USA, otras se apalancan sobre los cambios producidos en el entorno para establecer nuevas reglas de juego que sus competidores no puedan cumplir, otras aprovechan el momento para generar nuevos productos, marcas o tecnologías que los posicionen en nichos donde antes no tenían participación y así sucesivamente.

Dado que la turbulencia genera cambios en el comportamiento del mercado, las empresas se ven muchas veces obligadas a ser mucho más flexibles e innovadoras, para poder realizar ajustes que les permitan desarrollar nuevos productos y servicios que satisfagan las nuevas necesidades de sus clientes. Esto ha generado que muchas organizaciones para hacer frente a esos entornos turbulentos, hayan tenido que realizar actividades de emprendimiento, buscando desarrollar la creatividad y el desarrollo de nuevas e innovadoras ideas que permitan desarrollar nuevos productos que se salgan de lo rutinario y lo tradicional (pensar fuera de la caja).

Lo interesante de la turbulencia es que afecta a todos por igual, tanto su empresa como su competencia están afectados de la misma forma y por los mismos factores, por lo que quien tenga mayor adaptabilidad y mejor capacidad de responder y anticipar, tendrá mejores oportunidades en el mercado.

Esto sugiere un nuevo concepto de liderazgo, que ha sido llamado *liderazgo adaptativo*[15], capaz de identificar dentro del ADN de su organización, cuáles son los factores que deben ser modificados, pero también cuales de esos factores deben ser conservados para mantener la competitividad empresarial. No se trata de líderes, sino de liderazgo, es decir, toda la organización apostando al futuro.

El material genético del chimpancé, por dar un ejemplo, es aproximadamente un 98% idéntico al del hombre y sin embargo ese 2% hace una diferencia significativa entre el ser humano y ellos. Las organizaciones actuales deben aprender a identificar ese pequeño porcentaje que hace falta para poder adaptarse y aprovechar los cambios, pero también debe conocer cuáles son los aspectos que se deben conservar para poder mantenerse competitivos en el cambiante mundo de hoy.

Las empresas del presente necesitan evolución y no revolución. No se trata de hacer grandes transformaciones heroicas, sino algunas muy pequeñas, en los lugares correctos para de esa manera poder aprovechar lo que ese ambiente turbulento provee. Como decía el famoso político y publicista norteamericano (fundador de la agencia publicitaria BBDO) Bruce Barton *"A veces, cuando considero las tremendas consecuencias de las pequeñas cosas...me siento tentado a pensar...que no hay cosas pequeñas"*.

Según Philip Kotler y John Caslione en su libro *Caótica*[13], en tiempos caóticos y turbulentos como los de hoy, las empresas deben propiciar su evolución y su desarrollo futuro, desde tres perspectivas diferentes de corto, mediano y largo plazo, definidas no en términos de años, sino en término de retos y oportunidades.

Para estos autores, el corto plazo son aquellos proyectos o acciones que ayudan a cerrar las llamadas *brechas de desempeño*, que no son más que aquellas cosas que deberíamos saber hacer y estar haciendo y sin embargo actualmente no forman parte de nuestro ADN organizacional; tradicionalmente estas son llamadas las debilidades organizacionales. El cierre de las *brechas de desempeño* es el primer trabajo de reparación de nuestro ADN que necesitamos realizar para sobrevivir en el ambiente actual.

En cuanto al mediano plazo, Kotler y Caslione nos hablan de proyectos y acciones destinadas a cerrar las *brechas de oportunidades*, que no es más que desarrollar las fortalezas necesarias para aprovechar algunas de las oportunidades que ofrece el entorno y que solo podrán ser aprovechadas si se cuenta con ciertas capacidades que posiblemente no estén muy desarrolladas. Esto lleva a realizar modificaciones más profundas en el ADN organizacional, pero dichos cambios son manejables sin necesidad de hacer grandes transformaciones heroicas, aunque requieren constancia y consistencia por parte de la organización y sus líderes.

Para el largo plazo, Kotler y Caslione hablan de desarrollar *proyectos grandiosos*. Los proyectos grandiosos están sustentados en los grandes sueños de los líderes emprendedores que tratan de hacer trascender a sus organizaciones. El sueño del arquero, a su nivel, era un sueño grandioso, que con la acción se transformó en un proyecto grandioso. Soñar es apostar al largo plazo, es creer que se puede llegar más allá de los límites actuales y obligar a todos a cambiar sus propios límites. Aquí, en los proyectos grandiosos, están las mutaciones del ADN que son capaces de crear nuevas capacidades y cambiar de manera definitiva el mundo que nos rodea. Cambiar el mundo nos hace competitivos. El ejemplo de una empresa como Apple es más que significativo. Los cambios de Apple cambiaron a las organizaciones y cambiaron al mundo y eso convirtió a esa empresa en la empresa más poderosa del mundo.

Cada cambio que ocurre, brinda enormes oportunidades de aprendizaje que enriquecen el acervo cultural de las organizaciones cuando estas son capaces de comprenderlos. Los retos adaptativos no pueden ser enfrentados utilizando solo los conocimientos existentes, sino que se impone aprender cosas nuevas que permitan avanzar. Eso genera grandes oportunidades de aprendizaje para ayudar a desarrollar tanto a las personas que conforman las organizaciones como a la cultura organizacional misma.

Conservar aspectos claves de la cultura que han generado el posicionamiento actual de la organización es uno de los factores del ADN que debemos conservar, Kotler menciona como el primer gran error de la gerencia en tiempos de turbulencia el: "tomar decisiones de asignación de recursos que socavan la estrategia y la culturas básicas".

Como ya hemos dicho, la turbulencia puede traer grandes oportunidades, pero si no se hace lo correcto, correctamente, puede llegar a convertirse en una gran amenaza capaz de acabar con cualquier negocio.

El arquero excelente tiene una mentalidad abierta a la turbulencia y posee criterios flexibles para la acción, que son aspectos fundamentales para hacer que dichas oportunidades se presenten de manera clara y precisa en el quehacer diario y puedan ser aprovechadas exitosamente.

El arquero exitoso actúa sin miedo, porque sabe que solo necesita estar muy bien preparado para la acción y saber qué y cómo aprender, aquello que es necesario aprender de manera rápida, en todas y cada una de las situaciones que se le presentan en su vida cotidiana y el resultado final es el de sentirse altamente satisfecho de haber enfrentado esos retos.

"La turbulencia puede abrir nuevas oportunidades a su empresa, que pueden ser aprovechadas con su actual modelo empresarial o con uno nuevo"
Phillip Kotler-John Caslione / Caótica[13]

13º APRENDIZAJE: NO HAY ATAJOS

"No es porque las cosas son difíciles que no nos atrevemos,
es porque no nos atrevemos que son difíciles"
Séneca

Si hay algo importante en la historia del arquero, es que cuando uno sigue una visión de futuro, no hay atajos. Cada quien debe mantener sus sentidos bien abiertos para captar con claridad las señales que lo llevarán al logro de sus más profundos deseos.

En muchas oportunidades encontramos personas a las que les gustaría ser artista, carpintero o bailarín y por presiones sociales deciden convertirse en contadores públicos, médicos, ingenieros o abogados, pues muchas personas piensan que "no se puede vivir del arte". Esto hace que no solo se pierda la posibilidad de disfrutar de un buen artista, carpintero o bailarín, sino que además se tenga que soportar un mal contador público, médico, ingeniero o abogado. Esto sucede cuando la gente no elige lo que desea ser sobre la base de sus propias decisiones, sino que permite que sean otros quienes decidan el rumbo de su destino, bien sea por presiones, por conveniencia o por simple inconsciencia. Es un acto de responsabilidad hacer aquello para lo que realmente somos buenos y no otra cosa. Quienes tratan de buscar atajos hacia el éxito, desconociendo sus propias necesidades y capacidades, simplemente están condenándose a ser personas mediocres, incapaces de dejar una impronta en la vida de otras personas, instituciones u organizaciones. Quienes buscan atajos en su vida están condenados a morir de mediocridad.

Cuando uno decide permitir que sean otros quienes marquen su destino, es porque seguramente piensa que siendo complaciente con ellos, les demuestra su amor y consideración. Muchas veces creemos que debemos ser agradecidos con ese ser que nos está señalando un camino a seguir y vemos esto como un atajo viable para lograr la felicidad y el éxito personal. Se piensa que si estamos bien con las personas que queremos y nos importan, entonces estamos bien y podemos ser felices. Sin embargo esta lógica no funciona de esa manera y al final terminamos enormemente frustrados e infelices, porque nunca nos dimos la oportunidad de ser y hacer aquello que realmente nos llena y emociona. Lamentablemente, son muchísimas las personas que han pasado por esta traumatizante experiencia y descubren tardíamente que perdieron una importante parte de su vida.

En una oportunidad conocí a una joven que estudió duramente para ser médico. Provenía de una familia de médicos notables y se sintió obligada a estudiar medicina y cumplir con la meta de sus padres y hermanos. Sin embargo después de haber concluido sus estudios de medicina y llegar a ser médico, se dio cuenta que la medicina estaba muy lejos de las cosas que más la entusiasmaban. En el fondo de su corazón lo único que la emocionaba era el teatro. Quería ser actriz de teatro y la medicina siempre se interpuso en su camino. A causa de esto, tomó la decisión de estudiar teatro y dedicarse a esa disciplina. Cuando sus padres se enteraron de su decisión, la increparon furiosamente, diciéndole que era una fracasada, pero la joven les entregó su título de médico y les dijo que si este era tan importante para ellos, se los regalaba y que prefería mil veces ser una buena actriz de teatro que una pésima médico. Finalmente, pasaron más de 5 años y una sucesión de grandes éxitos en las tablas, para que la familia aceptara la profesión de esta joven y se sintieran orgullosos y agradados por lo que ella hacía.

Recuerdo que uno de mis mejores amigos entró a la universidad a estudiar química, porque su padre deseaba que su hijo se graduara en esta especialidad, ya que él deseaba que su hijo estudiara algo que el siempre soñó, pero no pudo estudiar.

Mi amigo estuvo varios años dando tumbos en la universidad porque la carrera no terminaba de cuadrar con sus preferencias. Desde muy joven le gustaba la arquitectura y tenía muchas habilidades para el dibujo y la pintura artística. Había estudiado diseño de interiores por correspondencia y tenía una gran pasión por el estudio de los aspectos urbanos de las ciudades. En un momento importante de su vida, decidió no seguir con sus estudios de química y decidió pedir cambio de carrera en la universidad, entrando a estudiar arquitectura. A partir de ese momento cambió su vida. En 5 años se graduó de arquitecto, pero lo curioso de esta historia, es que su padre se enteró que su hijo se había cambiado de carrera en el momento en que su hijo recibió el título de arquitecto. Por supuesto que no le quedó más remedio que aceptar la decisión de su hijo, quien posteriormente comenzó a desarrollar una exitosa carrera profesional, gracias a su decisión de seguir su propio camino.

Si el arquero de nuestra historia, hubiera decidido complacer a quienes le decían que estaba loco de remate por querer flechar la luna, no hubiera podido lograr todos los objetivos que logró en el camino de dicha visión.

Probablemente hubiera sido un mal agricultor o un mal herrero, o un mal carpintero, en vez de un excelente arquero, un general exitoso y un Rey muy querido. Si Arquímedes hubiera buscado atajos para lograr la aprobación de otros, el reino hubiera perdido a un buen Rey, un excelente general y un extraordinario arquero para tener un carpintero mediocre o un mal herrero o un pésimo agricultor.

Cuando se toman atajos hacemos doble daño a quienes nos rodean. Los hacemos perder un profesional excelente en un área, para darles un profesional mediocre en otra. Debemos comprender que cada uno de nosotros tiene una responsabilidad ineludible con la vida y con uno mismo. Ninguna decisión tomada por otras personas va a producirnos felicidad, solo nosotros mismos podemos hacerlo.

Muchas personas pasan más de 30 años haciendo un trabajo ordinario y rutinario, para descubrir, una vez jubilados, que había otras cosas que podían hacer, que los llenaban más como personas y como profesionales. El problema es que en una edad avanzada, el proceso de desarrollo y capacitación en algunas actividades resulta muchas veces dificultoso y tortuoso y en esos casos es más difícil destacarse, además que los trabajos tediosos, rutinarios y estresantes minan la salud de las personas y cuando están jubiladas comienzan a sufrir de enfermedades que les impiden desarrollar algunos de esos trabajos que resultan ser muy exigentes.

Sin embargo, muchas personas superan esta barrera y son capaces de lograr grandes cosas a una edad avanzada. Luis Mariano Rivera, el famoso cantautor oriental venezolano, creador de Canchunchú Florido, La Guácara, Cerecita y otras conocidas canciones del folklore venezolano, comenzó en esta actividad a los 48 años. A los 38 años aprendió a leer y escribir bien, pues su formación había sido bastante pobre. Antes de esto se desempeñaba como vendedor ambulante y viajero representante de empresas de productos de consumo masivo. Una vez que descubrió su verdadera vocación y talento, puso toda la pasión que pudo en su nuevo rol y se pasó los siguientes 48 años (la otra mitad de su vida) haciendo lo que le gustaba y haciendo feliz a quienes lo escuchaban y lo seguían. Hoy en día su nombre representa lo mejor de nuestro folklore, un importante Teatro de la ciudad de Cumaná, en Venezuela, lleva su nombre en homenaje a todo lo que significó su ejemplo para la juventud venezolana.

Recuerde entonces que no solo hay que establecer una visión, sino que además hay que comprometerse con darle a la misma la prioridad número uno de nuestra vida, no permitiendo que nadie nos imponga el rumbo que uno mismo debe tomar. Podemos compartir nuestra visión con otros y ajustar un destino común, pero no podemos dejar que otros tomen la decisión que nos corresponde tomar a cada uno de nosotros de manera independiente y personal. Ningún atajo te va a llevar a la felicidad, todo tiene un precio y el de una visión inspiradora de futuro vale la pena pagarlo.

"No existen atajos para ir a cualquier lugar que valga la pena"
Anónimo

14º APRENDIZAJE: DISFRUTA DEL VIAJE

*"Hemos olvidado que nuestra única meta es vivir y que vivir
lo hacemos cada día y que en todas las horas de la jornada
alcanzamos nuestras verdaderas metas, si vivimos
... los días son frutos y nuestro papel es comerlos"*
Jean Giono (Escritor)

Uno de los aprendizajes más importantes que debemos hacer, es el de pensar que la vida es como un crucero, si ya sabemos el itinerario del crucero y las potencialidades que posee el barco, lo que nos queda es simplemente disfrutar del viaje. Ese es uno de los grandes beneficios de la visión. La visión nos brinda un rumbo a seguir y gracias a ello tenemos la tranquilidad de saber hacia dónde vamos. Si nos vamos en un crucero del cual desconocemos el rumbo y las potencialidades del barco, podemos pasarnos el viaje mirando hacia delante, en la proa, a ver qué posibilidades surgen o pasarnos el viaje en la popa viendo la estela que va dejando nuestro recorrido para descubrir lo que estamos dejando atrás.

Cuando tenemos la visión clara, podemos disfrutar del viaje. Eso significa valorar cada instante que transcurre y los aprendizajes que vamos logrando paso a paso; es como si pudiéramos disfrutar la música y el ambiente que constantemente se abre a nuestro alrededor. Solo podemos disfrutar plenamente del presente si tenemos bien claro el camino que nos marca nuestra visión de lo que queremos ser y hacer. El presente es eso mismo, un regalo que nos da la vida para que lo disfrutemos, sin importar mucho que lo que pase sea positivo o negativo. No podemos pasarnos la vida pensando en lo que pudo haber sido y no fue.

Conocí una vez a un joven estudiante que durante su bachillerato se la pasaba pensando en lo feliz que iba a estar cuando se graduara de bachiller. Una vez que se graduó, entonces pensaba en lo feliz que iba a ser cuando entrara a la universidad. Una vez en la universidad comenzó a añorar el bachillerato (era feliz y no lo sabía) y a pensar en lo feliz que iba a ser cuando se graduara. Una vez graduado añoraba la felicidad que no disfrutó en la universidad y se decía a si mismo lo feliz que sería cuando tuviera experiencia en su ejercicio profesional. El hecho concreto es que este amigo jamás supo ser feliz, pues pasaba su vida añorando el pasado y mirando con ansiedad hacia el futuro, sin aprovechar ese presente que la vida le estaba regalando.

Qué triste es mirar atrás y pensar en lo felices que fuimos antes y no nos dimos cuenta, por lo que no disfrutamos de esa felicidad. El presente es lo único real que tenemos. Lo que pasó ya pasó y no se puede cambiar, solo podemos cambiar su interpretación; pero lo que no ha pasado aún, ya tendrá su momento.

Nuestra responsabilidad es escoger un rumbo y caminar por ese camino disfrutando de él. Para el arquero lo importante nunca fue llegar a la luna, para él lo importante fue encontrar en cada escollo un reto, en cada problema una oportunidad, en cada fracaso una reflexión y un aprendizaje y en cada nueva oportunidad una manera de disfrutar lo que hacía. Solo de esta manera fue capaz de lograr todos sus retos: conocerse a sí mismo, volverse un hombre fuerte, llegar a ser un excelente arquero, ser un líder y conductor de su pueblo y contribuir a que su padre y su familia fueran inmensamente ricos.

Una visión no debe ser vista como un elemento utilitario de nuestra vida. Una visión es una guía de las cosas que para nosotros son importantes. Como ya lo mencionamos, Simón Bolívar en el siglo XIX, tuvo una visión de lograr una América libre y unida. Muy lejos estamos aún de que la América esté unida como una sola nación, tal como lo soñó Bolívar, sin embargo, su sueño llevó a la libertad de nuestros pueblos y la unión sigue siendo ese sueño inalcanzable que ha impulsado una gran cantidad de iniciativas en búsqueda de acercar cada vez más nuestros países. Creo que esto muestra lo gloriosa y sublime que puede llegar a ser una visión bien desarrollada y bien llevada. Pensar que Bolívar fracasó, porque solo logró la libertad de los pueblos que estaban bajo el yugo español pero no logró una América unida, es una idea tan estrecha como pensar que el arquero fracasó porque nunca pudo llevar una sola flecha a la luna.

Esto nos permite comprender que cuando se tiene una visión clara de lo que se quiere lograr, lo importante no es tanto llegar a ella, lo cual podría suceder o no, sino el hecho de estar atento a lo que el camino hacia ella nos ofrece (nuestro presente). Muchas veces se ha dicho que el éxito es un camino y no un destino y la historia de nuestro arquero parece confirmarlo. Cuando alguien establece una visión alcanzable, corre el riesgo de perder el estímulo en cuanto la logra. En cambio con una visión infinita, siempre tendremos margen para seguir intentando nuevos caminos e irnos ajustando a nuestra realidad.

Arquímedes (nuestro arquero) nos hace entender lo importante que es estar atento a lo que sucede en el camino hacia nuestra visión (disfrutar el viaje) y no a las palabras de quienes intentan disuadirnos de seguir adelante, sin embargo, qué bueno sería si todos estuviéramos abiertos a estimular a otros para seguir adelante con sus sueños por más locos o extraños que estos parezcan.

Disfrutar el viaje tiene que ver con nuestra capacidad de ejercer un liderazgo capaz de hacer que las cosas sucedan. Hacer que las cosas sucedan no se limita a lograr en forma textual aquello que expresamos como nuestro sueño, sino todo aquello que propicia mantenernos en el camino de lo que nos proponemos lograr y que nos produce felicidad.

Comienza a "flechar tus sueños" y conviértete en el artífice de tu propia existencia.

"Un viaje de mil millas comienza con el primer paso"
Lao-Tsé

REFERENCIAS

(1) Senge, Peter: *La Revolución Necesaria*. Editorial Norma - 2009

(2) Barker, Joel A.: *Paradigmas*. Editorial Mc. Graw Hill - 1995

(3) Senge, Peter: *La Quinta Disciplina*. Editorial Granica -1992

(4) Betancourt, José: *El Sueño del Negocio*. Revista Calidad total. Año 1.No.3. Marzo-Abril - 1993. págs. 23-25

(5) Bennis, Warren & Nanus, B.: *Líderes, las cuatro claves del Liderazgo Eficaz*. Editorial Norma - 1995

(6) www.peliculasmel.com/index.php?id=titulo&cve=01771

(7) Covey, Stephen: *Los 7 Hábitos de la Gente Altamente Efectiva*. Editorial Paidós - 1990

(8) Betancourt, José R.: *De la Necesidad al Deseo*. Editorial Comala ExD - 2000

(9) Carrol, Lewis: *Alicia en el País de las Maravillas*. Ediciones Del Sur - 2003

(10) *www.rae.es/recursos/diccionarios/drae*: Diccionario de la Real Academia Española. Versión electrónica 22.ª Edición

(11) Tomado del blog de Avalon Zenter: *www.avalonzenter.com*

(12) *Zanoni, Leandro: La gran manzana: Las 10 claves del éxito de Apple*. Penguin Random House Grupo Editorial - 2012

(13) Kotler, Philip & Caslione, John A.: *Caótica*. Editorial Norma - 2010

(14) Watson Jr., Thomas J. & otros: *Padre, Hijo & CIA*. Editorial Norma - 1991

(15) Heifetz, Ronald & otros: *La Práctica del Liderazgo Adaptativo*. Grupo Planeta - 2009

SOBRE EL AUTOR

José Betancourt es venezolano, Licenciado en Matemáticas, egresado de la Universidad Simón Bolívar en 1976. En 1979 concluyó una Maestría en Investigación de Operaciones en la Universidad Central de Venezuela. Desde 1976 comenzó en funciones de docencia a nivel universitario, labor que ha desarrollado en paralelo con otras ocupaciones, durante la mayor parte de su carrera.

Ha sido profesor de las Universidades: de Oriente (UDO), Central de Venezuela (UCV), de las Fuerzas Armadas (UNEFA), Bicentenaria de Aragua (UBA) y Nacional Abierta (UNA), de los Institutos Universitarios Politécnicos: de Guayana (IUPG) y de las Fuerzas Armadas (IUPFAN), y de los Colegios Universitarios: Francisco de Miranda (CUFM) y de Los Teques Cecilio Acosta (CULTCA). Actualmente es Profesor del Postgrado en Gerencia de Servicio de la Universidad de Margarita (UNIMAR). Ha sido tutor de innumerables tesis a nivel de Pre y Postgrado, en las áreas de informática y sistemas, investigación de operaciones, organización y sistemas, gerencia ambiental, recursos humanos y gerencia de servicio.

Laboró desde 1979 hasta 1991 en la industria petrolera en las áreas de automatización de laboratorios, informática y recursos humanos.

Desde 1991, ha trabajado como: Consultor Organizacional del Grupo T.G. Red del cual fue Presidente. También fue Director Académico de Altamira Consulting C.A. (ACCA), Presidente de FUNDASISTEMA (Asociación Civil sin fines de lucro, dedicada a trabajar en programas sociales), Director Académico de

APUNTENE (Asociación de profesionales universitarios para la aplicación de nuevas tecnologías educativas del Estado Nueva Esparta). Actualmente es el Presidente de la Asociación Civil LA RUTA DEL APRENDIZAJE que desarrolla programas de capacitación y adiestramiento en gerencia, liderazgo y desarrollo personal, con el aval de la Universidad de Margarita.

Como consultor ha ofrecido sus servicios en empresas de diferentes sectores y en diferentes partes de su país. Desde 1990, se ha desempeñado como facilitador de procesos humanos en las áreas de gestión estratégica, desarrollo personal, aprendizaje organizacional, modelos mentales, formación de equipos, efectividad personal, interpersonal y organizacional, calidad de servicio, comunicación efectiva y programas de liderazgo. Además es Locutor Comercial y actualmente produce y conduce el programa de radio *En La Ruta del Aprendizaje*, por la emisora *Señal 94.9* (Circuito Unión Radio) de la Isla de Margarita, Venezuela.

Es autor de los libros (publicados en la plataforma de CreateSpace por autoedición) *Gestión Estratégica, el Cuarto Paradigma*; *Sincroservicio, la Conexión en el Servicio al Cliente*; además de ser autor del libro: *De la Necesidad al Deseo*, publicado por Comala Ediciones ExD.

Para obtener mayor información acerca de la actividad realizada por el autor, se pueden comunicar por el correo jrbetancourt01@gmail.com o visitar su página web: www.larutadelaprendizaje.com. Twitter: @jrbetatang. Facebook: *facebook.com/jose.betancourt.tang*.